CÓMO
HABLAR Y
ESCUCHAR
A TU
ÁNGEL
de la
GUARDA

Si este libro le ha interesado y desea que lo mantengamos informado de nuestras publicaciones, escríbanos indicándonos cuáles son los temas de su interés (Autoayuda, Espiritualidad, Qigong, Naturismo, Enigmas, Terapias Energéticas, Psicología práctica, Tradición...) y gustosamente lo complaceremos.

Puede contactar con nosotros en
comunicación@editorialsirio.com

La editorial quiere agradecer a la extraordinaria pintora Takaki su desinteresada cesión de la imagen que figura en la portada de este libro. Para ver más obras de Takaki, pueden visitar su página web: www7a.biglobe.ne.jp/~secretwings/

Título original: HOW TO TALK AND ACTUALLY LISTEN TO YOU GUARDIAN ANGEL
Traducido del inglés por Carlos Ossés
Diseño de portada: Editorial Sirio, S.A.
Ilustación de la portada: Takaki

©   Takaki

©   de la edición original
    2011 Kermie Wohlenhaus

    Edición española realizada por acuerdo con Deanna Leah,
    HBG productions, Chico, CA, USA

©   de la presente edición
    EDITORIAL SIRIO, S.A.   **EDITORIAL SIRIO**   **ED. SIRIO ARGENTINA**
    C/ Rosa de los Vientos, 64   Nirvana Libros S.A. de C.V.   C/ Paracas 59
    Pol. Ind. El Viso   Camino a Minas, 501   1275- Capital Federal
    29006-Málaga   Bodega nº 8,   Buenos Aires
    España   Col. Lomas de Becerra   (Argentina)
                                  Del.: Alvaro Obregón
                                  México D.F., 01280

www.editorialsirio.com
E-Mail: sirio@editorialsirio.com

I.S.B.N.: 978-84-7808-821-8
Depósito Legal: MA-879-2012

Impreso en los talleres gráficos de Romanya/Valls
Verdaguer 1, 08786-Capellades (Barcelona)

Printed in Spain

KERMIE WOHLENHAUS

CÓMO
HABLAR Y
ESCUCHAR
A TU
ÁNGEL
de la
GUARDA

editorial **S**irio, s.a.

MENSAJE DE LOS ÁNGELES DE LA GUARDA

*H*ola! Nos hace mucha ilusión saber que quieres mejorar tu capacidad para comunicarte con nosotros. Llevamos mucho tiempo esperando este momento. Tu ángel de la guarda te ha conducido hasta este libro, ya que, de lo contrario, nunca habrías llegado a conocerlo. Por favor, recuerda los acontecimientos que te han llevado a tomar en este preciso momento el libro que ahora tienes entre las manos y te darás cuenta de cómo actúa tu ángel de la guarda, con gran sincronicidad. Debes saber que, en cada página y en cada ejercicio que realices, tu ángel de la guarda estará a tu lado, trabajando contigo en nombre de todos nosotros. Él también irá aprendiendo una manera novedosa y más directa de comunicarse contigo a medida que vayas abriendo tu corazón para escuchar nuestras «voces».

¡Te amamos! Nosotros, los ángeles, siempre estamos a tu lado con todo nuestro poder y nuestra fuerza, y hemos venido para ayudarte a realizar tu viaje terrenal. Ahora somos tus guías turísticos y estaremos guiándote, protegiéndote, consolándote, enseñándote y amándote de manera

7

sutil y no sutil, a través de esta aventura que es la existencia humana. No viviremos tus experiencias por ti, sino que estamos aquí para ayudarte, si así nos lo pides.

Recuerda esto: eres un espíritu con forma humana que está viviendo una experiencia terrenal para que así pueda evolucionar tu alma. Esta es una de las mejores maneras de hacerlo, encarnándose en una forma física en la Tierra, un planeta denso, una dura existencia dual, pero en el que también puedes experimentar mucha dicha. Te ayudaremos a encontrarla a medida que vayas aprendiendo diversas cosas de este mundo.

Nos encanta tener la oportunidad de caminar a tu lado en este viaje y más allá; nos sentimos muy honrados de estar a tu servicio. Compartimos tus celebraciones y sentimos todos tus sufrimientos, estamos a tu lado cuando te sientes enfermo o dolido y nunca nos apartamos de ti. Te traemos amor divino y luz en abundancia. Sin embargo, algunas veces, te presentamos obstáculos si el camino que has elegido va en una dirección que no es la mejor ni la más sublime para ti, pero solo deseamos ofrecerte orientación y confort.

Nosotros, los ángeles de la guarda, formamos parte de tu equipo celestial, que te ayudará a asimilar todo lo que tienes que aprender en este mundo. Lo haremos con amor y de la manera más fácil que nos permitas. Si no captas una lección o un mensaje importante, si te diriges hacia una dirección que puede resultar perjudicial para ti, subimos un poco el volumen hasta llegar a niveles que resultan muy molestos para que puedas tomar una decisión más acertada basada en la realidad de la persona que eres. Te amamos mucho. ¡Teñimos todas las situaciones de bendiciones divinas! Solo deseamos lo mejor para ti.

Nos hace mucha ilusión que puedas aprender a comunicarte con nosotros de una manera más consciente. Estás entrando en un momento en el que necesitarás escuchar nuestros consejos y confiar en lo que estás escuchando. Ese es el motivo por el que se ha escrito este libro. Permaneceremos a tu lado y haremos que nuestras «voces» te resulten conocidas, si aprendes a escuchar nuestras formas sutiles de comunicarnos. ¡Nos encanta ser creativos, ya que eso nos permite ofrecerte la mejor orientación y el mejor apoyo posible! ¡Y también nos resulta muy divertido!

Ahora, comienza a avanzar con nosotros. Estamos tan ilusionados por hablar contigo como tú lo estás por escucharnos.

¡Con todo nuestro amor!

Tus ángeles de la guarda

Introducción

*Que tu ángel de la guarda te pro-
teja, que tu ángel de la guarda te
guíe. Y que su belleza te envuelva,
que su amor celestial te abrace.*

ANÓNIMO

Mi intención a la hora de escribir este libro es
proporcionarte a ti, querido lector, una forma
rápida y sencilla de comunicarte con tu ángel
de la guarda. En él, he descrito un proceso sencillo, paso
a paso, que permitirá entablar una conversación perfectamente desarrollada. Si realizas todos los ejercicios tal y
como son descritos, podrás sentar las bases para la ejecu-
ción del siguiente. Si te saltas un paso, correrás el peligro
de no poseer toda la información que necesitas para avanzar
y, probablemente, te faltará una pieza muy importante del
rompecabezas. ¡Al final de estos sencillos ejercicios, podrás
mantener una conversación escrita con tu ángel de la guarda! ¡Es cierto!

No se trata de escritura automática donde los ángeles toman el control de tu mano y escriben por ti, sino que serás capaz de escuchar y de ver interiormente lo que tienen que decirte para luego anotarlo. Es casi como un dictado. A medida que vayas comunicándote con ellos, escuchando sus mensajes sutiles, irá aumentando tu confianza y tu conciencia. Te aseguro que no tendrás necesidad de entrar en trance ni de abandonar tu cuerpo para escuchar a tu ángel de la guarda. Puedes hacerlo justo donde estás ahora. Lo único que cambiará será tu conciencia y tu receptividad para «escuchar» de una manera nueva.

Durante años, he pulido todo este material dirigiendo talleres e impartiendo cursos a personas de diversas ciudades para que se comuniquen con su ángel de la guarda. Al final de todos los talleres, los participantes han experimentado interacciones importantes con sus ángeles de la guarda y, después de leer este libro, estoy convencida de que tú también las vivirás. A medida que vayas sumergiéndote en esta información, te podrá parecer que se trata de un proceso muy sencillo, pero requiere disposición, trabajo y apertura mental.

Al principio, más de un participante se ha mostrado escéptico ante la posibilidad de poder comunicarse realmente con su ángel de la guarda y, en este momento, es posible que tú también te sientas así. Sin embargo mi experiencia me dice que los ángeles de la guarda se presentan constantemente y establecen una asombrosa conexión con nosotros. Me siento muy complacida de que tengas el deseo de hablar con tu ángel de la guarda. ¡Sin lugar a dudas, él está esperando ansioso a hablar contigo!

Nuestros ángeles de la guarda se comunican con nosotros de manera muy singular y creativa. En algunos episodios de nuestro pasado, hemos eludido sus mensajes sutiles. Por esa razón, he decidido presentar de vez en cuando algunos ejemplos de los acontecimientos acaecidos a las personas que han aprendido a escucharlos; además la tercera parte de esta obra está dedicada a relatar algunas interacciones que tuvieron los ángeles de la guarda con nosotros durante los talleres y en las sesiones privadas.

En este libro encontrarás información básica sobre los ángeles, así como una serie de ejercicios que, si se leen de manera ininterrumpida, te llevarán la misma cantidad de tiempo que si realizaras uno de mis talleres: cuatro horas. Por supuesto, el beneficio que reporta contar con este libro es que puedes seguir con tu vida; si algo te interrumpe, podrás regresar al punto en el que lo dejase. Tu ángel de la guarda te estará esperando mientras respondes al teléfono, preparas la cena o sacas a pasear al perro. En mis talleres, poseo un poco más de control sobre esas distracciones, ya que todos los teléfonos móviles están apagados, los niños están pasando la tarde en casa del vecino y celebramos nuestros encuentros entre las horas de comida, de tal modo que nadie tenga que cocinar. (Sin embargo, normalmente, disfrutamos de un delicioso aperitivo durante nuestro descanso de veinte minutos.)

Llevo muchos años trabajando con ángeles de la guarda y cada uno con los que me he encontrado es único. Desbordan sabiduría, amor y alegría. Son seres bondadosos, sinceros, y nos ofrecen muchas sugerencias prácticas e importantes para nuestra vida diaria, además de compartir con nosotros mucha sabiduría espiritual. Plantearles preguntas y escuchar de manera intuitiva sus respuestas es el premio de comunicarnos con ellos.

Para poder recabar los consejos más prácticos y útiles de los ángeles de la guarda, trato de elaborar preguntas que den como fruto la información más valiosa posible. Normalmente, son bastante parlanchines y están encantados de tener la oportunidad de conversar con nosotros. Muchas personas dirán: «¡Oh!, ya había experimentado antes esa sensación, así que se trataba de mi ángel de la guarda. ¡Vaya!» o «¡Ahora que ya sé su nombre, puedo invocarlo y sentirlo más próximo, como si se tratara de un amigo invisible!».

Aunque los ángeles de la guarda se encuentran junto a nosotros desde el momento de nuestro nacimiento, durante la mayor parte de nuestra vida normalmente no somos conscientes de su presencia, ya que suelen permanecer en el anonimato mientras nos prestan su ayuda. Es posible que tengamos una vaga idea de que nuestro ángel de la guarda se encuentra con nosotros, o podemos tener cierto indicio de su existencia, pero a un nivel tan sutil que nos resulta difícil imaginar que se trata de nuestro ángel de la guarda. Aunque vislumbremos su presencia, normalmente la negamos, afirmando que se trataba de un pensamiento ilusorio o que todo fue fruto de nuestra imaginación. Resulta sencillo calificar a esas comunicaciones y esos sentimientos sutiles como algo que es fruto de nuestra imaginación o de la coincidencia. Tengo la esperanza de que este libro y el trabajo que lleves a cabo después puedan desarrollar esas vagas ideas y convertirlas en pruebas contundentes de que tu ángel de la guarda se encuentra a tu lado y te muestra cuál es su verdadero aspecto.

Puedo pasarme todo el día hablando con los ángeles de la guarda, y de hecho así lo hago pero resulta emocionante enseñarte a mantener tus propias conversaciones directas con ellos cada vez que lo desees. Después de llevar más de una década enseñando y dirigiendo los talleres, cobró vida la idea de recopilar todos estos pasos en un libro. Deseaba que esta información llegara a la mayor cantidad de gente posible. Muchas veces, después de un taller, los participantes se acercaban a mí llenos de emoción por haber tenido acceso a este material y, después de haber mantenido una conversación fabulosa con su ángel de la guarda, me pedían un libro que pudieran regalar a un amigo o consultar para repasar la información. Pero, tristemente, tenía que decirles que no disponía de un libro semejante. Sin embargo, ahora aquí está, finalmente entre tus manos. Y, aunque este libro no te ofrecerá mi orientación humana directa para confirmarte la naturaleza de lo que estás experimentando, mi intención es proporcionarte a través de estas páginas las directrices suficientes que te puedan ayudar a encontrar el camino que te lleve al plano angelical.

Por tanto, a modo de cierre (o de inicio), me gustaría subrayar que la relación que mantenemos con nuestro ángel de la guarda es una de las más importantes que podemos establecer a lo largo de nuestra vida. Los ángeles de la guarda están siempre presentes durante toda nuestra experiencia vital y nos conocen perfectamente. Llevan a nuestro lado desde antes de nuestro nacimiento y permanecerán con nosotros a través de esa transición que es la muerte y en nuestra vida como espíritus. Nos acompañan en todas nuestras experiencias ejerciendo de guías y de apoyos anónimos e invisibles. Ellos saben perfectamente quiénes somos y, por muchos errores que cometamos, nos aman de manera incondicional.

Durante mis viajes, he escuchado muchas historias acerca de los ángeles. Sin embargo, te aseguro que no es necesario que mantengas un encuentro físico con uno para poder aprender a comunicarte con ellos y a escucharlos. Ellos se aparecerán ante ti a su manera; siempre resulta divertido ver cómo se presentan a cada persona.

Alguna gente incluso me ha confesado que ha llegado a suplicar a su ángel de la guarda que se materialice delante de ella de alguna manera y se sintió muy decepcionada cuando eso no llegó a suceder. Querido mío, tu ángel de la guarda no está para hacer lo que tú quieras, sino para ayudarte a lo largo del camino de la luz, que te llevará a realizar tu misión espiritual. Si consideran que en este momento no necesitas una materialización, no van a concedértela. Sin embargo, te pedirán que te comuniques con ellos en su nivel. De lo contrario, no te habrías encontrado con este libro.

También debo decirte que los ángeles de la guarda se encuentran aquí para guiarnos y ayudarnos, pero no para cargar con el peso de nuestra vida. Esa tarea nos corresponde a nosotros. Ellos se limitan a ser asesores y a pedirnos que tomemos nuestras propias decisiones acerca de lo que es mejor para nosotros. Nos ofrecerán consejo si se lo pedimos, pero somos nosotros los que tenemos que hacer el trabajo. La mejor manera en que podemos mostrarles nuestro agradecimiento es viviendo nuestra vida y tomando nuestras propias decisiones con voluntad e intención. En otras palabras, depende de nosotros hacer algo con la información que recibimos; esa es la recompensa que nos ofrecen nuestros ángeles de la guarda. Ellos observan cómo ponemos en práctica sus consejos y cómo disfrutamos de nuestra vida.

También me he dado cuenta de que nos resulta sencillo albergar ideas preconcebidas sobre el aspecto que presenta nuestro ángel de la guarda, sobre cómo se llama o sobre lo que hace por nosotros. Todos hemos visto obras de arte y hemos leído libros sobre los ángeles en los que aparecen representados con alas, flotando en el aire y con aspecto femenino, o adoptando la apariencia de guerreros alados y robustos que portan espadas, como el arcángel Miguel. Pero tu ángel de la guarda es inimitable. Mientras te preparas para encontrarte con él, debes mostrarte abierto ante lo que puedas descubrir. Si el ángel que te encuentras es distinto a lo que pensabas que sería, o si no se asemeja a algunos de los ejemplos que he recogido en este libro, por favor, sigue adelante. Existe una razón para que se muestre de la manera en la que lo hace y para que se presente así en tu vida; más adelante, una vez que tengáis un buen nivel de comunicación, podrás hacerle las preguntas necesarias.

Los ángeles no hacen nada por capricho o por error. Todo está ingeniosamente pensado y todo tiene sentido. Su creatividad es impresionante. Por tanto, debes abrir la mente y aceptar la manera en la que ellos quieren aparecerse ante ti. Trata de no juzgar o de rechazar lo que sientas, sepas o visualices y, si lo consigues, te sentirás feliz y profundamente sorprendido.

Por tanto, querido lector, ha llegado la hora de empezar. Que los ángeles te guíen y te bendigan en tu viaje a través de este libro. Te doy las gracias por haberme permitido prestar un servicio tanto a ti como a tu ángel de la guarda. Si necesitas más ayuda, por favor, no dudes en escribirme.

Con mucho amor y luz,

Kermie

www.KermieandtheAngels.com

Primera parte
INFORMACIÓN BÁSICA SOBRE EL ÁNGEL DE LA GUARDA

Los ángeles de la guarda algunas veces vuelan muy alto, más allá de nuestro campo de visión, pero siempre miran hacia abajo para no perdernos de vista.

JEAN PAUL RICHTER

E n casi todos los talleres, presentaciones y conversaciones que imparto sobre los ángeles, los asistentes me realizan algunas preguntas básicas sobre ellos. Me gustaría darte esta información básica, asumiendo la posibilidad de que estés planteándote las mismas preguntas. Como angelóloga, estudio e investigo sobre los ángeles, hablo con ellos y observo cómo interactúan con nosotros en este mundo. También estudio y leo textos modernos y antiguos, además de hablar con multitud de personas sobre las experiencias que han vivido con estos seres. Existen muchos hombres y mujeres maravillosos en este campo de la angelología, que trabajan en gran medida con los ángeles.

A continuación, encontrarás algunas de las teorías más importantes sobre los ángeles que actualmente se manejan. A medida que sigamos estudiando a estos sorprendentes seres de luz, se irán revelando más descubrimientos e iremos expandiendo nuestro conocimiento. Pero, por ahora, esto es lo que sabemos.

¿Tengo un ángel de la guarda?

Todo el mundo tiene un ángel de la guarda. Según mi propia experiencia, todos contamos con al menos uno, aunque algunas personas tienen más de uno. Eso no es ni mejor ni peor, y solo depende de las necesidades que tenga cada persona para completar la tarea que le han encomendado. Todos somos distintos y tenemos un propósito diferente en la vida. Sin embargo, he descubierto que las personas que cuentan con muchos ángeles a su lado, han sido reclutadas para llevar una vida encomendada de alguna manera al servicio a los demás. Cuanto más estemos al servicio de los demás, más ángeles vendrán a ayudarnos.

¿Quiénes somos para nuestros ángeles de la guarda?

Los ángeles de la guarda nos denominan sus «cargos». Son nuestros mejores animadores: nos ayudan, nos orientan, protegen y aman. Se toman muy en serio el trabajo que tienen que hacer con nosotros. Ser el ángel de la guarda de un humano conlleva una gran responsabilidad. Algunas veces resulta muy duro estar reencarnado, y ellos lo saben. De igual modo que un niño al que estuvieras obligado a cuidar o que estuviera bao tu responsabilidad, nosotros estamos a su cargo, aunque nos tratan como adultos con plena capacidad para tomar decisiones. Son seres muy devotos a nosotros y concentran sus esfuerzos en ayudarnos a lo largo de nuestra vida.

¿Por qué los ángeles están aquí?

Los ángeles fueron creados específicamente para ejercer de emisarios entre la Divinidad y la creación. Toda la creación posee multitud de ángeles, no solo nuestro planeta Tierra. Existen infinidad de ellos, que adoptan muchas y diversas formas. Se han publicado multitud de libros acerca de las diferentes jerarquías, coros, organizaciones y clasificaciones de ángeles. Pero, para simplificar, solo hablaré de aquellos que son materia de estudio en este libro, nuestros ángeles de la guarda. Estos seres se clasifican en la categoría general comúnmente denominada «ángeles» y son los que se encuentran más próximos a nuestro plano físico.

¿Contamos con más ángeles, además de nuestro ángel de la guarda?

Poseemos a otros «ángeles personales» que trabajan a nuestro lado y a los que me gusta denominar nuestra «cuadrilla de ángeles». Algunos permanecen junto a nosotros durante toda una vida y otros son un poco más escurridizos, ya que solo entran y salen de nuestros campos de energía dependiendo de si los necesitamos. El director de esta inmensa «cuadrilla de ángeles» es nuestro ángel de la guarda, mientras que a los demás miembros se les ha encomendado otras tareas específicas. Algunos nos ayudan a afrontar nuestras necesidades económicas, otros las sentimentales, las de salud, de conocimientos, nuestros esfuerzos espirituales; la lista es interminable.

¿Cuándo viene el ángel de la guarda a nuestro lado?

Nuestro ángel de la guarda se coloca a nuestro lado antes del nacimiento para ayudarnos en esta vida y permanece con nosotros mientras atravesamos el umbral de la muerte. Su ayuda nos orienta para que nuestra alma pueda llevar a cabo su misión. La misión de nuestra alma es aquello que tenemos planeado hacer para que esta evolucione en esta encarnación, o vida, en particular. Recurrimos específicamente a nuestro ángel de la guarda para que nos ayude y, de ese modo, no nos desviemos de nuestro destino. Lo cierto es que nosotros elegimos a nuestro ángel de la guarda y todos escogemos a uno que sea específicamente eficaz en esa misión. Sin embargo, en el momento del nacimiento olvidamos cuál es la misión que tiene encomendada nuestra alma para que así disfrutemos de libre albedrío. Tener libre albedrío en este planeta es todo un regalo. Los ángeles de la guarda conocen cuál es esa misión, pero no les está permitido revelárnosla, aunque nos ayudarán a dar los próximos pasos para que sigamos avanzando en nuestro camino. De nosotros depende seguir el deseo que palpita en nuestros corazones, y eso nos conducirá a llevar a cabo nuestra misión día a día y a cada momento.

¿Mi ángel de la guarda puede decirme cuál es la razón de mi existencia?

Muchas veces, un cliente me ha comentado: «Por favor, pregúntale a mi ángel de la guarda cuál es la razón de mi existencia». La respuesta que recibe siempre es algo así: «Amar a los demás», «Mostrarte abierto para recibir» o «Disfrutar de más alegría». Pero, la mayoría de las veces, no escucho nada, solo una conexión en blanco, un vacío. Los ángeles se quedan callados porque si me dieran una respuesta más específica, no sería bueno para nosotros; podría asustarnos, abrumarnos o la podríamos malinterpretar, así que prefieren guardar silencio.

A lo largo de los años que llevo hablando con los ángeles, he descubierto que responden con mayor libertad a la siguiente pregunta: «¿Cuáles son los próximos pasos que debe dar esta persona para que la conduzcan a la misión de su alma?». Para responder a eso siempre les falta tiempo. Normalmente, me ofrecen tanta información específica que tengo que anotarla. Los ángeles de la guarda pueden ser muy concretos cuando les haces preguntas de la manera «adecuada», de una forma que no interfiera en nuestro libre albedrío ni que perjudique a nuestro desarrollo. Siempre es conveniente plantear cuestiones abiertas para recibir la mayor cantidad de detalles posible. Pero algunas veces, cuando deseamos recibir una contestación rápida, suele ser suficiente con plantear preguntas cuya respuesta sea sí o no. Por ejemplo: «¿Este es el trabajo que más me conviene?». La respuesta puede ser «sí» o «no», sin más explicaciones. Este tipo de preguntas son especialmente convenientes cuanto nos encontramos en una entrevista y no queremos entrar en demasiados detalles hasta que estemos en casa y tengamos a mano lápiz y papel, pero deseamos recibir una respuesta afirmativa o negativa en ese momento.

¿Mi ángel de la guarda es alguien relacionado conmigo que ha fallecido?

Algunas veces una persona me comenta que su difunta abuela o algún pariente que ha fallecido es ahora su ángel de la guarda. Entiendo perfectamente lo que quiere decir y, sin lugar a dudas, los seres queridos que han fallecido la están observando, pero los ángeles nunca han sido seres humanos. Nosotros, como seres humanos, seguimos un camino evolutivo distinto. Los ángeles fueron creados con un fin específico, para ejercer de enlace entre la Divinidad y la creación. Lo siento, pero nunca podremos convertirnos en verdaderos ángeles. Lo que suelo decirles a esas personas es que es mejor tener como ángel de la guarda a alguien más poderoso que nuestra abuela, ya que queremos que ese ángel permanezca a nuestro lado desde el principio de nuestra vida hasta el día de nuestra muerte. La difunta abuela puede formar parte nuestro de grupo de guías espirituales, del que hablaré dentro de poco, pero nunca puede ser un ángel de la guarda en sí.

Ahora bien, una vez dicho esto, existen nuevas teorías acerca de lo que se llama ángeles encarnados. Algunos ángeles han adoptado forma humana durante toda una vida con el fin de estar al servicio de este planeta. El trabajo de la doctora Doreen Virtue ofrece mucha información interesante relacionada con esta teoría. Ella es la primera angelóloga que ha identificado estos fenómenos. Mi experiencia con los «ángeles terrenales» es que en sus campos de energía se observa una serie de conexiones profundas con los ángeles. No me aventuro a imaginar en este momento por qué y de dónde procede dicha conexión, pero me gustaría recomendar a la doctora Virtue y a su obra en este campo.

¿Qué diferencia existe entre nosotros y los ángeles?

Los ángeles normalmente nos aseguran que se alegran de ser ángeles, porque ser humano es muy duro. Suelen afirmar:

—No somos tan valientes. Vosotros tenéis que afrontar todas las cargas que supone vivir en la Tierra, y nosotros nos sentimos muy complacidos de ayudaros de la manera que podamos. ¡Os aplaudimos!

Me alegro de que estén con nosotros, guiándonos y prestándonos su apoyo: todos podemos aprovecharnos de ello. Los ángeles normalmente realizan su trabajo con mucha más alegría de lo que lo hacemos nosotros. Se esfuerzan por animarnos cada vez que tienen la oportunidad.

Existen muchas diferencias entre nosotros y ellos. Una es que los ángeles son capaces de cambiar de aspecto y no están aferrados a un solo cuerpo, como nos sucede a nosotros. Suelen optar por una apariencia antes que otra, y siempre es preferible contar con un perro de aspecto fiero para que nos acompañe a casa que con un ángel dulce y cubierto de plumas; son capaces de convertirse en lo que necesitas en cada momento. Tampoco parece que tengan fecha de caducidad: nunca mueren. Su proceso evolutivo todavía es un misterio para nosotros. Da la sensación de que no suelen evolucionar al estatus de arcángel y siempre se mantienen como ángeles ordinarios, aunque no estamos completamente seguros de ello.

¿Los ángeles pueden hacer lo que les pidamos?

Los ángeles solo cumplen con la voluntad de Dios. Si lo que les pedimos se encuentra en sintonía con lo que es más adecuado para nosotros y en línea con el amor y con el deseo de nuestro corazón, estarán a nuestro servicio de manera inmediata. Mi experiencia angelical preferida que ilustra cómo los ángeles responden a la oración se recoge en el capítulo dedicado a la oración del libro de Betty Eadie, *He visto la luz*. En él, la autora nos narra cómo los ángeles se apresuran a responder a las oraciones intensas y llenas de fe, así como a las plegarias en las que se pide que ayuden a los demás.

¿Cómo sé que se trata realmente de mi ángel de la guarda?

Algunas personas me preguntan cómo pueden saber si realmente están hablando con su ángel de la guarda. Es posible que les hayan dicho muchas veces que tuvieran cuidado, porque una energía negativa podría disfrazarse de ángel. Pero, tal y como vas a ver, siempre comenzamos las sesiones de comunicación con un ángel pronunciando una oración. En la plegaria existe protección y luz divina. Esto hará que se impida el paso a cualquier energía negativa que pretenda entrar en tu espacio.

Puedes estar seguro de que la luz es más fuerte que la oscuridad y que mientras trabajes con la Divina Luz Blanca estarás protegido y no atraerás a ninguna fuerza negativa. Yo solo trabajo con los Ángeles de Luz que están aquí para ayudarnos a encontrar amor y alegría. Una vez que has dejado clara tu intención de amar, ningún otro ser, salvo los más supremos y próximos a Dios, responderá a tu llamada. Si invocas a seres de luz, a ángeles de la Divinidad, a tu ángel de la guarda o a seres similares, únicamente ellos responderán a tu petición. Si tienes alguna duda acerca de quién está interactuando contigo, la manera más obvia y sencilla de descubrir su identidad es preguntándole. Es muy fácil, pero algunas veces se nos pasa por alto lo más evidente. Es como si estuvieras hablando por teléfono y preguntaras: «¿Quién eres, por favor?». No te preocupes, no se van a ofender.

A través de los ejercicios que aparecen en el libro, aprenderás a distinguir la manera en la que se identifica tu ángel de la guarda: mediante su tacto, un símbolo, o una imagen. Por ejemplo su nombre te puede venir a la mente, repitiéndose una y otra vez. En mi caso mi ángel de la guarda me toca en las sienes de una manera muy especial que solo él sabe hacer. Esa sensación puede ser muy intensa y algunas veces sirve para confirmarme que se trata de él, tal y como está haciendo ahora mismo, mientras escribo estas palabras.

Si tienes la sensación de que a tu alrededor se encuentra una energía extraña, simplemente pregunta: «¿Eres un ser de luz?». Existe una ley universal que dice que si un ser no es de luz, se desvanecerá. Si lo es, te proporcionará una sensación de amor y de seguridad. Esto resulta especialmente útil si eres una persona que con frecuencia recibe visitantes por las noches. Si te sientes asustado, o percibes una energía oscura, solo tienes que pedirle a tu ángel de la guarda que venga y permanezca a tu lado hasta que esa sensación se desvanezca. Muchas personas piden a Cristo, a la Virgen María, a Saint Germain, a Buda, a la Divina Luz Blanca, a un ser querido fallecido o al arcángel Miguel –el ángel protector más poderoso del universo–, que las proteja por las noches.

Recuerda también que las sencillas oraciones dedicadas al ángel de la guarda que algunos hemos aprendido durante nuestra infancia resultan muy útiles durante una noche incierta.

Ángel de la guarda, dulce compañía, no me desampares ni de noche ni de día, ruega por mi alma a la Virgen María. Ángel de Dios, que eres mi custodio, puesto que la Providencia Soberana me encomendó a ti, guárdame, guíame y ayúdame en este día, amén.

¿Qué sucede si mi ángel de la guarda me pide que haga algo que resulte perjudicial para mí o para los demás?

Encontrarse y hablar con tu ángel de la guarda es una de las relaciones afectuosas más importantes que podemos mantener como seres humanos. Repito, nuestro ángel de la guarda no nos llevará por caminos que puedan resultar perjudiciales tanto para nosotros como para los demás. Si escuchas una voz en tu cabeza que te dice que saltes por un puente y te suicides, no se trata del ángel de la guarda. ¡Por favor, llama INMEDIATAMENTE a un teléfono de prevención del suicidio! Tu ángel de la guarda solo te dará consejos que puedan estimularte y orientarte hacia un sendero o hacia un lugar más elevado. Observarás lo dichosos y pacíficos que pueden llegar a ser sus mensajes. Será sincero contigo y te dirá si necesitas cambiar lo que estás haciendo, aunque en cualquier caso, esto ya lo sabrás. Los ángeles están para ayudarnos, no para destruir ni para arruinar nuestras vidas.

¿Los ángeles son guías espirituales?

Esta es una pregunta importante. La respuesta breve es que los ángeles no son guías espirituales, pero esto nos conduce a un tema interesante. Los seres humanos contamos con al menos dos grupos de ayudantes celestiales, guías espirituales —que antes han tenido una existencia humana— y nuestros ángeles personales —que nunca han sido humanos—. Todos tenemos un grupo de guías espirituales que trabajan con nosotros, de igual modo que contamos con una cuadrilla de ángeles. El director del grupo de los guías algunas veces se denomina «guía del regocijo» o «guardián», y el de la cuadrilla de ángeles es, como ya he dicho anteriormente, tu ángel de la guarda. Como hay muchas más cosas que añadir sobre ellos, en la próxima sección trataré de explicar la naturaleza de estos grupos de la manera más sencilla posible. Se han escrito muchos buenos libros sobre los guías espirituales; para conocer más detalles, por favor, remítete a ellos.

Guías espirituales y ángeles

Al lado de cada hombre que ha nacido sobre la faz de la Tierra, un ángel de la guarda ocupa su lugar para guiarle a través de los misterios de la vida.

Menandro de Atenas

Existen al menos dos grupos de entes celestiales y no físicos que nos ayudan mientras estamos encarnados en este planeta: los guías espirituales y los ángeles personales. Normalmente permanecen en el anonimato y son invisibles para nuestros ojos físicos, porque se encuentran en una dimensión diferente a la nuestra.

Vivimos de forma simultánea en muchas otras dimensiones o planos. Me concentraré en las dimensiones donde en este momento residen nuestros guías y nuestros ángeles pero, por favor, debes saber que se trata de una realidad muy compleja e infinita. Como consecuencia de nuestra falta de tecnología para estudiar a fondo este tema tan amplio, tenemos un conocimiento muy limitado acerca de estos distintos planos de la existencia. Sin embargo, últimamente estamos recopilando mucha información relacionada con ellos gracias a la comunicación que mantenemos con los seres que habitan en estas dimensiones, así como a las investigaciones que actualmente se están llevando a cabo.

Sabemos que las dimensiones o los planos de existencia se distinguen por su vibración y por su frecuencia; en otras palabras, por su energía, ya que la vibración y la frecuencia de la energía son los dos conceptos que determinan dónde se ubican los planos dentro de la escala dimensional. Esta es una característica importante. La vibración energética y la frecuencia de nuestro plano también nos informan de nuestra ubicación en el universo dimensional.

Nuestros guías espirituales viven en lo que llamamos el «plano astral» y nuestros ángeles habitan en una dimensión que posee una frecuencia y una vibración superiores, a la que habitualmente denominamos el «reino angelical». Estas dos dimensiones carecen de tiempo y espacio. Nuestro plano físico, donde vivimos, sí tiene espacio y tiempo, por supuesto. Aunque siempre nos encontramos en un eterno presente, tenemos pasado, presente y futuro. El plano astral y el reino angelical, por el contrario, no poseen días, meses o años. Ellos no tienen relojes, ni horas, minutos y segundos para marcar el tiempo. Ellos denominan a nuestro tiempo «la hora terrestre». Por ejemplo, pueden decirnos que dentro de tres semanas, según la hora terrestre, venderemos nuestra casa. Hemos descubierto que los guías y los ángeles algunas veces pueden estar un poco perdidos en lo que respecta a la hora terrestre, ya que este sistema es muy distinto al del lugar donde ellos se encuentran, así que yo pregunto por temporadas o meses para conseguir una estimación temporal más precisa.

Nosotros, que nos encontramos en el plano físico, no podemos atravesar paredes. Nuestra energía densa forma lo que llamamos «materia», y esta tiene una vibración y una frecuencia más lenta que los planos superiores. A esta dimensión más densa en la que vivimos la llamamos el «plano físico», dada la naturaleza «física» de la materia.

Se está llevando a cabo una serie de sorprendentes investigaciones en este campo de la materia, de la energía y de la forma. Machaelle Small Wright of Perelandra, por ejemplo, trabaja con inteligencias naturales y con otros seres dimensionales. La definición de la forma y la naturaleza que proporciona es mucho más precisa pero, para no apartarnos del propósito de este libro, me ceñiré a una explicación básica y sencilla. (Para más información, por favor, visita su página web en www.perelandra-ltd.com.)

Todas las entidades que habitan en las dimensiones que poseen una vibración y una frecuencia superior a la nuestra son no físicas, y por tanto resultan invisibles para nuestros ojos físicos. Sin embargo, podemos «verlas» gracias a la clarividencia o a la percepción interior (que explicaré más adelante).

He añadido un gráfico muy sencillo para proporcionarte una explicación visual de este concepto dimensional.

LAS DIMENSIONES

LA DIVINIDAD - La más elevada frecuencia vibratoria, Luz y Amor puro.

OTRAS DIMENSIONES SUPERIORES - Sigue elevándose la frecuencia, yendo hacia el Amor incondicional, y la Luz pura.

ÁNGELES - Están más cerca de la Divinidad que del Plano Astral, aunque sin alejarse totalmente de la dimensión física.

PLANO ASTRAL - La frecuencia vibratoria es más elevada que la dimensión física, no hay tiempo ni espacio.

PLANO FÍSICO - Baja frecuencia vibratoria. Está regido por el tiempo y el espacio. Materia densa que puede ser percibida por los sentidos.

La Reencarnación

> *Qué grande es la dignidad del alma, puesto que cada una tiene desde su nacimiento un ángel encargado de guardarla.*
>
> San Jerónimo

*E*l cardiólogo Raymond Moody comenzó a estudiar las experiencias cercanas a la muerte después de que muchos de sus pacientes que habían sobrevivido a un ataque cardiaco regresaran de la muerte gracias a la nueva tecnología de la desfibrilación y a la técnica de la resucitación cardiopulmonar. Sorprendentemente, descubrió que sus pacientes habían vivido experiencias similares mientras viajaban «al otro lado». Su libro *Vida después de la vida* describe las ocho etapas que experimentaron mientras atravesaban el proceso de la muerte y, seguidamente, regresaban a la vida en el plano físico para poder contarlo.

James Van Praagh es un médium que escribe sobre las experiencias que ha vivido en sus consultas con clientes afligidos por la pérdida de algún ser querido. Podemos encontrar sus conversaciones con esos seres queridos que se hallan al otro lado y todas las experiencias que ha aprendido de ellos en sus libros *Hablando con el cielo* y *Reaching to Heaven*. En ellos revela cómo es la experiencia de morir, nos da una razón para la existencia de la muerte y nos explica cómo es la vida en el plano astral.

Estos dos populares investigadores y muchos otros como ellos nos han abierto las puertas de las dimensiones superiores. Han documentado sus descubrimientos y nos han ayudado a desmitificar qué es lo que sucede cuando morimos, además de proporcionarnos un indicio sobre todo el proceso de la reencarnación.

Las investigaciones indican con firmeza que nuestra alma no solo atraviesa una, sino numerosas reencarnaciones en el plano físico. Repetimos estos ciclos de vida una y otra vez para perfeccionar nuestras almas y adquirir conocimiento. Después de pasar por este proceso de reencarnación, penetramos en los niveles de conciencia superiores. En otras palabras, trascendemos.

Por ejemplo, cuando terminamos nuestro ciclo de vida, atravesamos el túnel que nos conduce hacia la luz y nos reunimos con algunos de nuestros seres queridos, que han fallecido. También podemos ver a ángeles, a Cristo, a Buda, a Dios o a muchas otras personas. A continuación, pasamos a hacer una revisión de la existencia que acabamos de completar en la Tierra. Realizamos esta revisión de la vida acompañados de un «Ser de Luz lleno de amor incondicional». Algunos llaman a este ser Jesús, Dios, ángel o guía, dependiendo de sus creencias. Vemos a esta entidad como una presencia bondadosa y afectuosa, y le asignamos un nombre.

Los dos juntos, el Ser de Luz y nosotros, visualizamos una especie de película tridimensional de la vida que acabamos de abandonar. Este proceso se lleva a cabo sin ningún tipo de afrenta o vergüenza. Por favor, me gustaría hacer de nuevo hincapié en ello. ¡Este Ser de Luz es incondicionalmente amoroso! No es un ente crítico dispuesto a castigarte por tus maldades y pecados, tal y como muchos nos han enseñado. Tan solo permanece a nuestro lado mientras revisamos bajo la luz del amor los actos que hemos cometido en nuestra vida pasada y tomamos nota de los aspectos que necesitamos trabajar más para perfeccionar nuestra alma y nuestra conciencia, así como también de aquello que hemos hecho bien.

Lo más interesante de este visionado en tres dimensiones es que realmente llegamos a sentir cómo nuestros actos han afectado a los demás, tanto para bien como para mal. Por ejemplo, si has realizado una obra bondadosa y afectuosa, por el bien de alguien, no solo contemplas lo que has hecho, sino que lo sientes desde la perspectiva de la otra persona y compruebas de qué modo le afectó. Apreciarás la alegría, la esperanza, el amor o cualquier otra sensación que haya provocado ese acto o esas palabras.

Por otra parte, si has cometido alguna acción mezquina, cruel o abominable contra alguien o contra algo, también experimentas las sensaciones que has despertado en los demás. Pero no debes olvidar que estás revisando estos actos con amor incondicional. De esta manera, obtenemos una buena perspectiva de nuestras acciones y de nuestras motivaciones en esta vida. El ser de luz nos realizará dos preguntas importantes: «¿Qué has aprendido?» y «¿Cómo has amado?». Aquí no cuenta que hayamos recibido una educación refinada, sino qué hemos aprendido en esta vida y cómo hemos repartido amor en este planeta y a quienes viven en él.

Tras esta revisión, adquirimos conocimientos sobre esta vida pasada y analizamos en qué puntos debemos concentrar nuestro desarrollo. Una de las mejores ventajas que ofrece encontrarse en el plano físico es que tenemos la oportunidad de cometer errores y aprender de ellos; disfrutamos de libre albedrío. La razón por la que estamos en la Tierra es para ser más amorosos de manera incondicional. El objetivo final no es morir con la mayor cantidad de posesiones, sino hacer todo lo que esté en nuestras manos para que evolucione nuestra alma. Por esa razón contamos con la ayuda de dos grupos celestiales y de la Divinidad. Lo más importante es el trabajo espiritual que realizamos en esta vida para evolucionar. Como consecuencia de este resumen, también tenemos una imagen clara del trabajo que debemos llevar a cabo entre nuestras distintas existencias.

Seguidamente, ya somos capaces de pasar a lo que algunas veces se denomina la «escuela espiritual» del plano astral, en la cual aprendemos a vivir la próxima vida desde una perspectiva superior. No se trata de un trabajo penoso: podemos jugar, ir a pescar, tumbarnos, crear obras de arte o cualquier otra cosa que conmueva nuestro corazón. Todo depende de nosotros. No debemos hacer nada de manera precipitada. Pero, al final, siempre desearemos regresar, adoptar un cuerpo físico y volver a probar en esta escuela terrenal. La escuela espiritual es el lugar donde le damos un repaso a todo eso que debemos mejorar. Cuando los seres humanos pasamos al plano astral durante los sueños o la proyección astral, algunas personas afirman que han visto gigantestos edificios de mármol rematados con columnas y enormes salas de aprendizaje. Ahí se lleva a cabo esta «educación superior».

Pasado un tiempo, sentimos que hemos aprendido lo suficiente y deseamos regresar de nuevo a la escuela terrenal para poner en práctica nuestro nuevo conocimiento espiritual. Podemos evolucionar desde el plano astral, pero es un proceso un poco más lento, ya que allí no nos encontramos con los desafíos que nos ofrece el plano físico.

En última instancia, el alma está a cargo de nosotros, es lo que nos hace ser lo que somos. Cuando regresamos al cuerpo físico, tenemos lo que llamamos una misión del alma, aunque mientras nos encontramos en la Tierra nos invade la sensación de que nuestro propósito tiene que ver únicamente con nuestra existencia física y no con la evolución de nuestra alma. Esta misión es complicada, pero tenemos a nuestra disposición todas las oportunidades y enseñanzas que harán evolucionar nuestra alma, incluyendo las vacaciones y la buena comida, así que vamos a explorar esa misión del alma.

La misión del alma

> *Porque la Divinidad te encomendó a sus ángeles para que te cuiden en todos tus caminos.*
>
> Salmos 91:11

Cuando por fin estamos preparados para regresar de nuevo al plano físico, se congrega a nuestro alrededor un grupo extraordinariamente sabio de consejeros que nos ayudan a seleccionar la serie de circunstancias adecuadas para que nuestra alma cumpla su misión en la Tierra. La misión de nuestra alma es la tarea que debemos llevar a cabo durante nuestra reencarnación. En otras palabras, es el propósito final. Esta preparación, que se produce justo antes del nacimiento, es muy importante y se realiza con enorme inteligencia y esmero.

Hace unos años, se llevaron a cabo diversos estudios sobre el proceso de nacimiento humano y se produjo una revelación sorprendente. Cuando a los participantes de uno de los estudios se les practicó una hipnosis regresiva hasta el momento de su nacimiento, algunos de ellos fueron más allá de ese momento. Declararon que se encontraban en una sala rodeados de asesores y maestros increíblemente sabios durante el proceso de selección de sus padres, firmando acuerdos o contratos sagrados con los miembros de su familia espiritual y preparándose para penetrar en la forma física. El objetivo de esa preparación, según afirmaron, era asegurarse de que se cumplía la misión del alma y de que se presentaban las oportunidades necesarias para ayudar a que el alma evolucionara, estando al servicio de los demás. Asimismo, en este punto, anterior al nacimiento, es donde nos encontramos y hablamos por primera vez con nuestro ángel de la guarda.

De hecho, somos nosotros quienes elegimos a nuestro ángel de la guarda, a nuestros ángeles personales y a nuestro grupo de guías espirituales para que nos ayuden a cumplir con nuestra misión, ya que las habilidades que posee cada ayudante celestial son vitales. Es importante resaltar que estamos encargados de dirigir todo este proceso. Disfrutamos de un libre albedrío completo, incluso en el otro lado, aunque elegimos tomar esas decisiones apoyados por un consejo extraordinariamente sabio.

La misión de nuestra alma puede desarrollarse en muchos niveles y no estamos solos mientras llevamos a cabo esa tarea. Podemos optar por aprender a superar el miedo o la codicia o por conocer más detalles sobre el amor y la dicha. Cada persona tiene una misión distinta y, por tanto, llevamos existencias muy dispares. Algunos de nosotros juzgamos cómo los demás viven la suya, sin saber que el tipo de vida que lleva cada persona la conducirá a través de una serie de lecciones que permitirán que su alma evolucione hasta alcanzar la eternidad. Es una tarea difícil, y por esa razón necesitamos ayuda.

Por tanto, realizamos muchos preparativos cuando nos encontramos con nuestros sabios consejeros.

Debemos decidir qué padres serían convenientes para llevar a cabo la misión de nuestra alma, qué tipo de cuerpo necesitamos, con qué personas hemos de encontrarnos, qué ángeles y guías precisamos. También contamos con planes de emergencia, con un plan B en caso de que perdamos el primer autobús y la primera oportunidad —debemos ser muy ingeniosos en los preparativos para esta vida—. Durante ese proceso, hemos sido muy sagaces a la hora de asociar todo lo que nos sucede a lo que habitualmente consideramos coincidencias, de tal modo que podamos sacar el máximo partido a esta vida.

Por favor, no olvides que estoy simplificando mucho el curso de los acontecimientos para poder ajustarlos a este libro; en realidad se trata de un proceso asombroso que necesita mucha meditación y planificación. Nuestros sabios consejeros conocen perfectamente qué tareas somos capaces de realizar y diseñan este plano con plena conciencia consensual mientras avanzamos en nuestro proceso de encarnación. Los seres sabios nos dan buenos consejos; algunas veces los escuchamos, pero otras pensamos que lo sabemos todo. Ya sabes cómo es el ser humano.

Incluso elegimos el momento de nuestro nacimiento, nuestro nombre, el lugar donde viviremos, lo que llegaremos a hacer; en otras palabras, elegimos casi todo, hasta el día en el que dejaremos el cuerpo físico. Y lo hacemos antes de llegar a nacer. Todo está perfectamente organizado. A continuación, invocamos a nuestros ayudantes celestiales para que nos orienten y nos ayuden a través de esta vida en particular. Pero recuerda que disfrutamos de libre albedrío desde el mismo momento en el que nacemos, y una vez que nos encontramos en este mundo, podemos tomar decisiones en otro sentido. Esto le da más interés a la vida, aunque también puede hacer que resulte muy difícil. Por este motivo, contamos con una ayuda tan poderosa.

Si escuchamos los consejos sutiles y no tan sutiles que nos ofrecen nuestros guías y ángeles, podemos ser conducidos fácilmente a través de las misiones encomendadas a nuestra alma. Cuando seguimos el deseo de nuestro corazón, estamos siguiendo el camino que conduce al cumplimiento de la misión de nuestra alma. «Sigue el dictado de tu corazón» o «Sé fiel a ti mismo» son proverbios que nos conducen al cumplimiento de esta misión.

Ahora que sabemos que nuestra alma tiene una misión, y que contamos con nuestros guías y ángeles, ¿por qué no conocemos cuál es el propósito de nuestra vida o la misión de nuestra alma en cuanto llegamos aquí? Cuando un alma penetra en un cuerpo antes de su nacimiento, nuestra mente consciente atraviesa lo que en las religiones orientales se llama «el río del olvido». Antes de nacer, olvidamos todo lo que hemos preparado. ¡Absolutamente todo! Eso nos concede la ocasión de disfrutar del libre albedrío y de hacer borrón y cuenta nueva ante todas las oportunidades que se presentan ante nosotros.

En consecuencia, nos pasamos toda la existencia preguntándonos por el propósito de nuestra vida, aunque en realidad nadie sabe cuál es, salvo nosotros mismos, ya que se encuentra dentro de nuestro corazón. Debemos seguir el dictado de nuestro corazón. Qué es lo más elevado y conveniente para mí en este momento? ¿Qué me emociona? ¿En qué lugar deseo vivir, ya que está en sintonía con mi energía? Lo tienes todo allí. Ya lo estás cumpliendo o te encuentras en una transición hacia ello. Pero para hacer que las cosas sean más interesantes, pueden modificarse ligeramente a lo largo de nuestra vida, dependiendo de las decisiones que tomemos. Nuestros ángeles de la guarda saben qué posibilidades existen y nos ayudarán a dar el siguiente paso.

Una vez que hemos sentado las bases que explican por qué contamos con un ángel de la guarda, ya estás preparado para empezar a aprender una nueva forma de comunicarte con él. No podemos utilizar nuestros sentidos físicos para comunicarnos con los seres angelicales o con los del plano astral, ya que ellos no se encuentran en el plano físico. Debemos abrir y desarrollar los sentidos internos, que todos poseemos, para poder disfrutar de una interacción interdimensional consciente.

Sentidos físicos y sentidos sutiles

*Los ángeles de la guarda, algu-
nas veces, vuelan tan alto que no
los podemos alcanzar con nuestra
vista, pero ellos siempre bajan la
mirada para poder observarnos.*
Jean Paul Richter

 n nuestro plano físico, empleamos cinco sentidos
para comunicarnos, tanto entre nosotros como con
nuestro entorno:

- Vista
- Oído
- Tacto
- Gusto
- Olfato

Para comunicarnos con las dimensiones no físicas,
en concreto con lo astral y lo angelical, utilizamos nuestros «sentidos sutiles». Todos contamos con estos sentidos.

Algunas personas disfrutan de unos sentidos sutiles más agudos que otros o los han desarrollado más, pero todos contamos con ellos.

En ocasiones oímos hablar de alguien que ha nacido con «un don»: percepción extrasensorial, telepatía, capacidad psíquica o acceso al plano espiritual. En realidad, todos tenemos ese don. Algunas personas llegan a esta vida con una visión más aguda que otras o pueden escuchar la caída de un alfiler en el pueblo de al lado; otras son más normales. Pero todos podemos desarrollar más nuestros sentidos si dedicamos el tiempo y el esfuerzo necesario para conseguirlo.

Para poder comunicarnos con las dimensiones más sutiles que la nuestra, como puede ser la angelical, empleamos los sentidos sutiles y prestamos mucha atención a nuestro entorno interior. Estos sentidos sutiles se corresponden con los físicos, y son:

- Clarividencia: vista interior (vista)
- Clariaudiencia: oído interior (oído)
- Clarisencia: sensación interior (tacto)
- Clarigusto: gusto interior (gusto)
- Clariolfato o clariesencia: olfato interior (olfato)

Nuestra vista interior está enraizada en nuestra imaginación, y la zona de recepción es el tercer ojo, el área que se encuentra entre nuestros ojos físicos ligeramente por encima de las cejas. Todos utilizamos esta zona de nuestra imaginación a lo largo del día. Por ejemplo, pregúntate qué quieres cenar esta noche y probablemente crearás en tu mente una imagen de la comida que te apetece: pollo, hamburguesas o pita con humus. Esa imagen se aparece en tu entorno interior y te permite ver algo antes de crearlo o de conseguirlo. Todo cuanto manifestamos ha sido concebido antes en nuestra imaginación. Pero no solo podemos crear en nuestra imaginación sino también recibir, y eso que recibimos lo podemos utilizar.

La clariaudiencia u oído interior no es algo tan común, aunque muchas veces oímos que alguien nos llama por nuestro nombre, o percibimos campanas cuando no suena ninguna. Normalmente nos viene a la memoria el recuerdo de una canción que no somos capaces de sacarnos de la cabeza. La próxima vez que te suceda esto, especialmente con una canción que llevas mucho tiempo sin escuchar, presta atención a las palabras que contiene, por si encerraran algún tipo de mensaje destinado a ti. Esto también es clariaudiencia.

Cuando lo angelical habla con nosotros, utiliza nuestros recuerdos, nuestra imaginación y nuestros procesos de pensamiento para comunicarse. Podemos tener un «acierto» a la hora de responder a una pregunta o a una plegaria. Cuando nos despertamos por la mañana, muchas veces sabemos qué decisión debemos tomar o qué debemos hacer ese día. Tal vez no lo sabíamos cuando nos fuimos a dormir el día anterior, pero como nuestra mente consciente estaba relajada, pudimos recibir la respuesta de nuestro ángel de la guarda o de nuestros guías espirituales.

La clarisencia, o sensación interior, no solo guarda relación con el tacto, con el cosquilleo o con la presión, sino también puede estar relacionada con el latido frenético de nuestro corazón, con el entumecimiento del cuerpo o con el dolor de cabeza. Aquellos de nosotros que tenemos desarrollada la clarisencia de manera natural o que poseemos una gran sensibilidad en esta zona lo pasamos muy mal cuando nos encontramos entre una multitud, Ya que absorbemos la energía de todos los presentes. Probablemente nunca nos verás en un supermercado un sábado a las once de la mañana o en conciertos abarrotados de personas que se empujan. Nos encanta el espacio, mucho espacio. Sentimos todo lo que nos rodea. Después de pasar el día leyendo sobre los ángeles, mi cuerpo se encuentra especialmente sensitivo, y si por ejemplo salgo a cenar esa noche, mis amigos y mis seres queridos saben que si es posible debo sentarme en el rincón, junto a la pared, para no absorber la energía de los clientes y de los camareros.

En determinadas ocasiones, los ángeles, los guías espirituales y los ayudantes celestiales nos tocan en distintas partes del cuerpo para hacernos saber que se encuentran presentes, de igual manera que tu mejor amigo o tu abuela te toca en el brazo para atraer tu atención. Tu ángel de la guarda posee su propio tacto. En este libro he incluido un ejercicio que te ayudará a discernir de qué tacto específico se trata.

Pasemos a continuación al más sutil de los sentidos: el clarigusto. No utilizamos mucho este sentido en nuestra vida cotidiana, pero está siempre a nuestra disposición y es muy importante. Más adelante, cuando realicemos los ejercicios, comprobarás si tu ángel de la guarda puede enviarte una señal por medio del gusto. Esta señal puede tratarse de una imagen o de un verdadero gusto sutil de algún alimento u objeto. Por medio de él, puedo tener, por ejemplo una repentina necesidad de probar canela, que sé que se trata de un sabor que representa a mi ángel de la guarda. Algunas personas se sienten desconcertadas porque perciben un sabor a tierra o a lluvia. Los ángeles de la guarda que se presentan de esta manera son unos seres fascinantes.

Otro sentido sutil es el del clariolfato o la clariesencia: el olfato interior. Personalmente, prefiero emplear el término «clariolfato», porque la palabra «clariesencia» se parece demasiado a clarisencia (sensación interior) y puede dar lugar a confusiones. Por tanto, a partir de ahora, utilizaré el término «clariolfato» para referirme al olfato interior.

Este sentido es algo más común que el gusto interior. Podemos encontrarnos sentados, leyendo, u ocupándonos de nuestros propios asuntos cuando, de repente, olemos el humo de un cigarrillo. No hay nadie fumando a nuestro alrededor. Llevamos años sin relacionarnos con alguien que fume, pero estamos sintiendo en nuestra propia casa el aroma de un cigarrillo. Sabemos que se trata de nuestro tío Bob; estamos seguros de ello. El tío Bob nos está saludando, y diciéndonos que nos quiere. Nos encontramos en un espacio relajado en el cual él puede venir a saludarnos. Algunos afirman que cuando sienten próxima a su abuela, perciben su perfume o el olor a pan recién horneado. Cuando la Virgen María se encuentra presente, las personas que son testigos de su aparición les llega un olor a rosas.

En una ocasión, me encontraba en Berryville, Arkansas, echando gasolina en un precioso día de verano. Le había preguntado a la Divinidad cuál era siguiente paso que debía dar y había recibido varios mensajes. Pero ese día, mientras le echaba gasolina sin plomo a mi vehículo, percibí el olor del mar, un fuerte olor al pescado del puerto. Me encontraba tierra adentro, a muchos kilómetros de la costa y, sin embargo, podía percibir el característico olor del agua del mar. Sabía que aquella era la respuesta a mi plegaria y que pronto estaría viviendo cerca del agua salada, de puertos y de playas. En aquel instante, me sentí muy reconfortada. Me invadió una sensación de esperanza por mi futuro. Por supuesto, poco tiempo después, me fui a vivir al golfo de México.

Existe otro «clari-» que no se encuentra en la lista de los sentidos sutiles. Se trata del clariconocimiento, el conocimiento interior. No utilizaremos este sentido sutil para hablar con nuestro ángel de la guarda, pero es importante que conozcas su existencia. Normalmente, empleas el clariconocimiento cuando estás seguro de que sabes algo, cuando percibes una intensa sensación de que algo va a ocurrir. Si te preguntaran, no sabrías explicar por qué lo sabes, pero tienes una sensación intuitiva característica de que va a suceder. No existe un motivo o una razón para que acontezca, ni siquiera has pensado en ello, pero tienes una corazonada. Y normalmente así sucede. Una vez que ha ocurrido, te sientes muy satisfecho de ti mismo y afirmas: «Sabía que iba a suceder». Fin de la historia.

Llegados a este punto, debo añadir que, en el caso de los sentidos físicos, para recibir mejor la información podemos tratar de agudizar el oído y así escuchar mejor, o entornar la vista para ver. Pero, por lo que respecta a los sentidos sutiles, cuanto menos tratemos de agudizarlos, mejor. Tenemos que relajarnos, despejar nuestra mente, recostarnos y solo ser sutilmente conscientes de lo que estamos pensando y de todo lo que tenemos en la cabeza. Todo esto también te lo recordaré más adelante. Ahora, limítate a relajarte, no pienses en nada y observa todo lo que sucede.

Segunda parte
EJERCICIOS

En primer lugar, me gustaría que prestaras atención a tu entorno interior: a tu imaginación y a tu visión interior, ya ahí es donde va a tener lugar la mayor parte de tu comunicación con tu ángel de la guarda. Para empezar, te pediría que te tomaras unos minutos y recordaras el momento en el que te levantaste esta mañana. Obsérvate a ti mismo saliendo de la cama o donde quiera que estuvieras. Cuando fuiste al cuarto de baño, ¿qué viste? Recuerda el momento en el que desayunaste, bebiste café, zumo, un batido o un preparado energético: la rutina que llevaste a cabo durante esta mañana. Piensa en ello unos instantes y revive esos recuerdos. Es muy importante. Basta con un minuto de visualización. No pienses demasiado en ello y limítate a hacer un repaso rápido de la mañana. Muy bien, ahora detente.

Has podido visualizar todo lo que hiciste en tu entorno interior. Ahí es donde vas a recibir las impresiones de tu ángel de la guarda. Ahí es donde se manifiestan tus sentidos sutiles, especialmente el de la clarividencia. Permanece consciente y presta mucha atención a esa pantalla de la visión interior. Has recordado solo ese momento pero, a medida que vayamos haciendo estos ejercicios, en tu pantalla de cine interior se verán impresas diversas imágenes procedentes de tu ángel de la guarda. Solo tienes que observar todo lo que aparezca en tu mente.

Sin embargo, antes de empezar a hablar de tu ángel de la guarda, necesitamos limpiar ese espacio y dejarlo abierto para recibir todo lo que va a llegar. Si puedes encontrarte en un lugar donde haya pocas distracciones, mucho mejor. Por tanto, quédate a solas; apaga el teléfono móvil, saca a los animales de la habitación, ve al cuarto de baño, cierra las puertas, bebe un trago de agua... Haz lo que tengas que hacer para limitar las distracciones durante la próxima media hora.

Oración de apertura o declaración de intenciones
Oración del ángel de la guarda

Ángel de Dios,
mi adorado guardián,
a quien el amor de Dios
me trae aquí;
durante todo este día
permanece a mi lado,
quédate a mi lado,
para iluminarme y guardarme,
para guiarme y orientarme.
Amén.

En todo trabajo con ángeles, comenzamos pronunciando una plegaria. Si el término «plegaria» tiene demasiadas connotaciones para ti, cámbialo por «apertura para el recibimiento» o «declaración de intenciones». Puedes utilizar el formato que yo empleo o cualquier parte de esta intención. Mientras lo lees, irás adoptando este mismo enfoque, y los ángeles lo escucharán. Antes de pronunciar la oración, permíteme que te hable de las diversas partes que considero más efectivas. Mis ingredientes esenciales de la intención o de la plegaria son:

Dar las gracias. Siempre comienzo manifestando mi agradecimiento. La gratitud es una puerta que conduce a la Divinidad y a nuestra alma. Al espíritu y a los ángeles les gustan mucho los buenos modales y las muestras de agradecimiento.

Purificar la energía del espacio. Les pido a los ángeles purificadores que lleven a cabo la tarea porque son los expertos en limpieza de energía. Los ángeles tienen un sentido más desarrollado de lo que hay que hacer, así que les solicito sus servicios. Dejo que se ocupen de ella tal y como consideren oportuno, ya que da la sensación de que saben lo que hacen. Algunas veces les solicito que limpien mi campo de energía mientras se encuentran dentro de él, como si se tratara de un servicio extra. Mientras limpian los sedimentos de energía de mi habitación y de mi casa, también pueden encargarse d la basura energética personal que cuelga alrededor de nuestras auras.

Invocar a la Luz Divina. Pido que venga la blanca Luz Divina y, a continuación, que brille un arco iris de Luz Divina. Esto proporciona la luz y el amor más elevados y hace que para los ángeles resulte más cómodo estar presentes. También ilumina la energía, y elimina cualquier energía negativa o evita que penetre.

Pedir protección. Pido al arcángel Miguel, el arcángel más poderoso, que coloque a sus ángeles en las cuatro esquinas de la zona, por encima y por debajo del espacio.

Realizo este ritual cuando vivo en edificios de apartamentos y no quiero que la energía de mis vecinos interfiera en mi espacio, y siempre funciona. El arcángel Miguel y sus ángeles se presentan en cuanto les pedimos que aparezcan. Una vez, una vidente se acercó a mi sala de lectura y, a continuación, me preguntó quién era el enorme ángel que se encontraba al otro lado de la puerta. Le contesté que formaba parte del equipo del arcángel Miguel, al cual había invocado. Este método funciona, aunque todavía no seas capaz de verlo.

Invitar a tu ángel de la guarda a que hable contigo. En primer lugar, requerimos la presencia de nuestro ángel de la guarda. Él nos escucha alto y claro, y, aunque es invisible a nuestros ojos físicos, puedes estar seguro de que vendrá al instante cuando se solicita su presencia.

Abrir tus sentidos sutiles. Me limito a pedir que mi oído, mi vista, mi conocimiento y mi capacidad de percepción interiores se abran, y eso es lo que sucede. Así de fácil. Esto permite que haya un mejor acceso a esos sentidos «claros» y dirige nuestra atención hacia nuestro entorno interior.

La oración

Ahora que ya tienes todas las piezas, te enseñaré la manera de ensamblarlas. Por favor, reza conmigo mientras lees:

«Diosas, Dios, Espíritu Divino [siempre que me resulta posible, trato de utilizar un lenguaje no excluyente para referirme a la Divinidad], gracias por habernos llevado hasta este momento del libro que nos permite comenzar a hablar y a escuchar a nuestro ángel de la guarda. Te imploramos tu bendición y te rogamos que los ángeles purificadores vengan y limpien cualquier energía que quede en esta habitación cuya intención no sea alcanzar lo sublime y lo

supremo. Por favor, envíala al universo para que sea transformada en la Fuente o en energía positiva. Mientras purificas el espacio en el que nos encontramos, por favor, limpia también nuestros campos de energía eliminando todo aquello de lo cual debemos desprendernos para aligerar nuestras auras.»

A continuación, pedimos que la Luz blanca Divina y un arcoíris de Luz Divina penetren en este lugar. Solicitamos al arcángel Miguel que coloque ángeles en las cuatro esquinas del espacio en el que nos encontramos, así como por encima y por debajo de nosotros para proteger esta energía Divina. Seguidamente, pedimos a nuestros ángeles de la guarda que se presenten.

«Por favor, habla alto y claro con nosotros y, si alguna vez nos apartamos de nuestro camino, por favor, devuélvenos a la senda correcta. También te pedimos que abras nuestros sentidos sutiles: nuestro oído, nuestra vista, nuestro conocimiento, nuestra capacidad de sentir, nuestro gusto y nuestro olfato interiores. Te damos las gracias por el tiempo que pasamos juntos y te pido que me concedas tus bendiciones.
Amén. Qué así sea».

Muy bien, tus sentidos sutiles ya se han abierto. Es así de sencillo. Pedir y recibir. Tu intención de activar tus sentidos sutiles abrirá esas puertas. ¡Te lo digo en serio! Sin embargo, por favor, no olvides que si en algún momento te interrumpen mientras estás realizando los ejercicios que aparecen en este libro o mientras estás hablando con tu ángel de la guarda, solo tienes que volver a empezar la comunicación recitando de nuevo esta oración. Es importante que antes de llevar a cabo esos ejercicios comiences la sesión con una oración, porque eso hará que tu atención se desvíe hacia tus sentidos sutiles, que te marques la intención más elevada y positiva y que invoques a tu compañero adecuado, a tu ángel de la guarda. Cuando empieces a entablar una comunicación empleando esta oración o una similar, solamente responderá a esta llamada tu ángel de la guarda. Es muy importante saber esto.

Enraizamiento y respiración

A continuación, voy a hablar brevemente sobre la respiración y el enraizamiento. Cuando respiramos profundamente, absorbemos espíritu. La palabra hebrea para referirse al espíritu es *Ruach,* «aliento». Por tanto, antes de cada ejercicio, mientras le planteas preguntas a tu ángel de la guarda, respira profundamente. Esto también limpiará tu mente y te relajará un poco. Te lo volveré a recordar a lo largo de los ejercicios; de ese modo, se convertirá en un hábito. Si no haces esto, no te sucederá nada malo, pero el hecho de respirar profundamente hará que la comunicación resulte más sencilla.

Para concentrarte y evitar que te distraigas excesivamente, lo mejor es realizar un ejercicio de enraizamiento. Si lo deseas, visualiza un enorme haz de luz, parecido a un destello, que desciende del techo y te rodea todo el cuerpo. Deja que este intenso rayo te empape con su luz, que te atraviese el cuerpo y baje hasta el suelo, penetrando en él hasta envolver el núcleo de la Tierra. A continuación, inhala profundamente, mientras observas cómo la luz baja por tu ser y penetra en tu cuerpo, y, seguidamente, exhala mientras la luz te sale por los pies y penetra en el núcleo de la Tierra. Realiza este ejercicio durante unos minutos hasta que tu cuerpo se sienta verdaderamente pesado, de tal modo que no albergues deseos de levantarte de la silla. Esta es una manera sencilla de consolidarte en el plano físico. (A medida que vayas trabajando con tu ángel, te sentirás más adaptado a su energía y no necesitarás realizar muchos ejercicios de enraizamiento.) Algunas personas también visualizan unas raíces que les brotan de los pies y de la médula espinal, que se envuelven alrededor del núcleo de la Tierra, permitiéndoles seguidamente inhalar y exhalar la energía del planeta. Personalmente, en mi caso funciona mejor el ejercicio en el que imagino el enorme haz de luz, ya que me proporciona un mayor flujo de energía. Ponte en marcha y dedica ahora unos minutos a realizar este ejercicio de visualización y de respiración.

Una nota importante: si en algún momento sientes que se te va la cabeza o notas náuseas durante la realización de estos ejercicios, eso solo quiere decir que estás recibiendo demasiada cantidad de energía de tu ángel. Visualiza cómo esa energía desciende por el tubo de luz y, al instante, te sentirás mucho mejor. Eso es todo; solo necesitas aclimatarte un poco más. A mí me gusta visualizar que tengo un tirador sobre el hombro derecho, similar a los de los inodoros, e imagino que puedo evacuar al instante ese exceso de energía. Es un ejercicio que siempre me funciona muy bien.

En realidad, todo este proceso de recitación de una plegaria y de concentración solo dura un par de minutos, como mucho. No tiene que ser demasiado trabajoso. Descubrirás que funciona y serás capaz de llevar a cabo este proceso de la manera más sencilla, pero efectiva, posible.

Impactos

A continuación, aproximadamente en este momento, después de haber realizado mi declaración de intenciones en la oración y de haberme adaptado, puedo recibir pensamientos interiores o «impactos» intuitivos que me permitan llevar a cabo lo que yo denomino los «encargos de los ángeles». Me recuerdan que debo ir al cuarto de baño, beber un poco de agua, llamar a alguien o hacer cualquier otra cosa, de tal modo que en mi mente no quede nada pendiente. A menudo recibo el impacto de que debo lavarme las manos, cepillarme los dientes o comer algo. No tienes más que permanecer abierto a tu entorno interior y realizar esos encargos de los ángeles para así librarte también de las distracciones. Puede ser algo tan sencillo como quitarte los zapatos, pero debes hacerlo porque, si no lo llevas a cabo, y eres como yo, tu ángel de la guarda no proseguirá con su comunicación hasta que haya cumplido con lo que te ha pedido. Por lo visto, debe de ser importante para ellos. Simplemente nos invadirá la sensación de que es el momento de cumplir con algún pequeño encargo. Por tanto, hazlo ahora.

Dedicamos demasiado tiempo a pedirle orientación a nuestro ángel de la guarda pero, luego, cuando él nos solicita que hagamos algo, no le hacemos caso o discutimos con él. «Bah, no necesito beber, puedo esperar», nos decimos a nosotros mismos. Utilizamos nuestra voluntad para persuadirlos. No onstante, si el encargo procede de ellos, seguirán insistiéndonos para que lo cumplamos y se repetirá una y otra vez en tu mente. Créeme, te ahorrarás tiempo y energía si lo cumples en cuanto te lo piden, ya que así podrás seguir adelante. La experiencia me ha llevado a destinar unos momentos a realizar esas pequeñas indicaciones de los ángeles justo después de terminar el proceso de apertura.

Cuando me preparo para tener un día lleno de lecturas angelicales con los clientes, tardo más tiempo de lo habitual en hacer todo lo que me encomiendan los ángeles antes de estar preparada para celebrar mi primera lectura. Por tanto, me preparo para ello reservando antes un tiempo extra. Cuando me preparo para mantener mi propia comunicación con los ángeles, el tiempo que dedico normalmente es breve, tal vez entre dos y cinco minutos. Pero si tengo un día lleno de lecturas, puede que necesite quince minutos o más en hacer todo lo que me piden. Sin embargo, eso hace que se limpie la energía, y me quedo libre para dedicar toda mi atención a los ángeles. Estos encargos o sugerencias siempre son positivos, y, cuando los cumplo, mi comunicación con los ángeles resulta muy fluida

HABLAR Y ESCUCHAR A TU ÁNGEL DE LA GUARDA

uy bien, por fin estamos preparados para centrarnos, relajarnos y comenzar a realizar algunos ejercicios sencillos que nos permitan ver cómo tu ángel de la guarda se comunica contigo. No olvides que tu objetivo es descubrir cómo *quieren comunicarse contigo*, no cómo tú consideras que es la mejor manera de hacerlo. Este cambio de perspectiva, permitiendo que hagan las cosas a su manera, es muy importante. Si les dices que deben comunicarse escribiéndote notas o enviándote visiones y pensamientos deliciosos, no vas a escuchar todas las cosas fascinantes que tienen que revelarte. Nuestra tarea consiste en permanecer abiertos y explorar cuál es *su* estilo de comunicación.

Solo quiero pedirte que plantees las preguntas tal y como están escritas, mientras aprendes cuál es su estilo de comunicación. Más tarde, podrás soltarte y hablar de lo que quieras con ellos, pero para poder desarrollar tu conciencia de la «voz» de tu ángel de la guarda, por favor, plantea estas cuestiones tal y como te las indico. Existe una razón para ello: te estoy ayudando a mantener una conversación plena con él, y estos sencillos pasos sentarán la base para conseguirlo. Estos pasos también informarán a tu ángel de la guarda sobre cómo lo estás «escuchando». Sí, ellos leen lo que estás escribiendo en el papel, ya que eso también les ayuda a desarrollar sus niveles de comunicación desde ese lado.

Verás que he añadido varias líneas después de cada pregunta para que puedas anotar lo primero que se te pase por la cabeza. Normalmente es un proceso muy rápido, pero si no te viene nada a la mente o a tu corriente de conciencia, respira, relájate y vuelve a plantear la pregunta. Es muy sencillo. La parte más difícil de este trabajo es aceptar y anotar lo primero que te venga a la cabeza.

Este libro no se ha impreso sobre un papel angelical mágico, así que si quieres utilizar otro pedazo de papel para anotar todo lo que te dice tu ángel de la guarda, no pasa nada. Ellos estarán viendo todo lo que vayas anotando. Tampoco importa si utilizas un bolígrafo, un lápiz o un rotulador pero, por favor, anota todo lo que recibas de tu ángel, sin dejarte nada en el tintero.

La otra razón por la cual es importante que anotes todos los detalles que puedas es que, como la comunicación tiene lugar a través de tus sentidos sutiles —debido a lo cual tu memoria no se implica tanto como es habitual—, la información se desvanecerá rápidamente. Es un fenómeno parecido al despertar de un sueño: este comienza a desvanecerse a medida que pasan los minutos, a menos que lo anotes. Lo mismo sucede cuando hablamos con nuestro ángel de la guarda: estás convencido de que lo recordarás, pero un par de horas después, no serás capaz de hacerlo.

Nota acerca de nuestro crítico interior

Muchas veces, tratamos de disuadirnos a nosotros mismos de lo que estamos viendo y escuchando. Podemos tener la tentación de cambiarlo, porque no es lo que esperamos recibir de un ángel de la guarda. También podemos pensar que solo nos lo estamos inventando. La voz que nos dice esto es lo que llamamos nuestro «crítico». Es importante ser consciente de la existencia de este crítico, porque todo lo que recibas antes de que se manifieste, procede de tu ángel de la guarda.

A menudo, muchos de nosotros veremos cosas que trataremos de rechazar. Por ejemplo, supongamos que, cuando pediste que te dijera una palabra que representara la energía de tu ángel de la guarda, pensaste en un jardín de zinias. A continuación, comenzaste a mantener una discusión interior con tu propio ser: «Eso no es así; deja que pregunte de nuevo y vea si obtengo algo mejor». Pero el jardín de zinias te viene una y otra vez a la mente, independientemente de lo que hagas. Limítate a aceptarlo, anótalo y sigue adelante. Esa información procede de tu ángel. Trata de ser sincero con lo que te viene inmediatamente después de plantear la pregunta. Esa es la parte más importante de todo el proceso. Puede parecer irrelevante, pero más adelante verás lo válida que resulta.

Es posible que necesites cierto tiempo para acostumbrarte a las maneras que tiene tu ángel de la guarda de comunicarse.

Preparados, listos, ya

Muy bien, allá vamos. Por favor, respira profundamente y repite en tu cabeza esta petición, que va dirigida a tu ángel de la guarda. A continuación, anota lo primero que te venga a la mente.

1. Pídele a tu ángel de la guarda un símbolo que represente a su energía.

Repite en silencio: «Por favor, ángel de la guarda, entrégame un símbolo que represente a tu energía».

Después, anota todo lo que te venga inmediatamente a la cabeza, por muy extraño que pueda parecer. No olvides incluir todos los detalles.

_____

_____

_____

_____

_____

_____

_____

_____

_____

Algunas personas divisan en seguida un símbolo que se asemeja a un relámpago, un fuego, un corazón, una bola de luz, un pájaro, una flor o una puesta de sol. Sea lo que sea lo que te venga inmediatamente a la cabeza, anótalo, por muy ridículo que te pueda parecer. Por favor, no trates de interpretar lo que recibes. Más tarde preguntaremos a tu ángel de la guarda cuál es el significado de ese símbolo. En este momento nos estamos limitando a ver cómo se comunica contigo y si tú puedes verlo o escucharlo de manera sutil en tu imaginación, en tu entorno interior.

Recuerda que los detalles son importantes; por lo tanto, si recibes la imagen de un corazón, trata de fijarte en todos los detalles que puedas: ¿de qué color es?, ¿de qué color era el fondo sobre el que estaba?, ¿se movía de izquierda a derecha, arriba y abajo, giraba, interpretaba una danza?...

Hablar o visualizar a un ángel

Muy bien, a continuación pasemos a la siguiente cuestión. Recuerda que debes relajarte; no te esfuerces demasiado. Solo tienes que prestar atención de manera relajada a todo lo que te venga a la cabeza o a la imaginación. Respira profundamente, anótalo, lee la frase y, después, plantéale esta petición a tu ángel de la guarda:

2. Pídele a tu ángel de la guarda que te revele una palabra que represente su energía.

Repite en silencio: «Por favor, ángel de la guarda, entrégame una palabra que represente a tu energía».

Anota lo primero que te venga a la cabeza.

_____

_____

_____

_____

_____

_____

_____

Repito, aunque hayas pedido una palabra, la respuesta puede llegarte en forma de palabra, de visión o de imagen. A algunas personas les viene a la cabeza el término «amor» o «rápido», o la respuesta puede adoptar la apariencia de una luz o de un color. Sea lo que sea lo que percibes, confía en lo que estás recibiendo. Convéncete de que procede de tu ángel de la guarda. Solo tienes que mostrarte abierto a todo lo que escuches y a la manera en la que te ha venido a la cabeza. Descubrirás que si tratas de cambiar la palabra, esta se repetirá, así que limítate a quedarte con lo primero que te llegue.

Un toque angelical

Muy bien, a continuación, sigamos y preguntemos por el tacto. Te pediré que repitas este ejercicio dos veces.

Primero debes leer la pregunta, y seguidamente realizar el ejercicio. Relájate y respira profundamente antes de volver a plantearla. Funciona mucho mejor así. El espíritu llega en el aliento y limpiará tu mente.

3. Respira profundamente y pídele a tu ángel de la guarda que salga de tu campo de energía y se coloque a una distancia de al menos diez metros. A continuación, realiza un rápido inventario de tu cuerpo en veinte segundos. Compruébalo de los pies a la cabeza. ¿Tienes el rostro frío, las manos calientes?, ¿sientes punzadas, presión o tensión?... Realiza simplemente un inventario rápido y somero de tu cuerpo.

Una vez finalizado, pídele a tu ángel de la guarda que te toque de una manera que sea significativa para *él*. No para ti, sino para *él*. Espera unos instantes a que suceda y, a continuación, vuelve a realizar un rápido inventario de la cabeza a los pies para comprobar qué ha cambiado. Es importante advertir cualquier cosa que haya atraído tu atención. Si esta se centra en el tercer dedo del pie derecho, en el que sientes un hormigueo, anótalo y, después, comprueba cualquier otra cosa que sea diferente. Muy bien, perfecto...

Ahora vuelve a repetir el ejercicio. Pídele a tu ángel de la guarda que salga de tu campo de energía y permanezca a una distancia de al menos diez metros. Espera unos instantes, realiza un rápido inventario de pies a cabeza y, seguidamente, solicítale que te toque de una manera que tenga sentido para él. Una vez más, realiza un rápido inventario de los pies a la cabeza y comprueba notas diferente. Escribe lo que hayas sentido, por muy extraño o insignificante que te pueda parecer.

_____

_____

_____

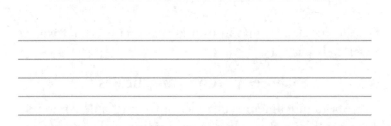

Es posible que sientas una presión en el orificio nasal izquierdo, una brisa fresca que procede de ninguna parte, el alivio de algún dolor de espalda que puedas sufrir o incluso una comezón que no habías advertido antes.

Yo siempre siento una presión en las sienes cuando mi ángel de la guarda se encuentra cerca. Una vez, una pintora psíquica me entregó un dibujo que hizo mientras me encontraba impartiendo una presentación. No le mencioné que mi ángel de la guarda me tocaba en las sienes pero, al final de la presentación, la pintora se acercó a mí y me entregó un dibujo en el que aparecía mi ángel de la guarda de pie, detrás de mí, colocándome las manos en las sienes. Bingo. Aquello confirmó mi teoría.

Por tanto, cuando sientes esas sensaciones tan interesantes en tu cuerpo, debes saber que se trata de tu ángel de la guarda, tratando de llamar tu atención. En ese momento se encuentra más próximo de lo habitual y te darás cuenta de ello de manera sutil. Siempre reconozco su presencia cuando siento la presión sobre las sienes, y le doy las gracias por ello. Precisamente ahora mientras escribo estas líneas, he empezado a sentir la misma presión ligera y reconfortante sobre las sienes. Como comentario al margen, debo confesar que, cuando me siento demasiado abrumada por las responsabilidades, sufro dolores de cabeza debidos a la tensión. Si invoco su presencia, en seguida siento ese tacto reconfortante y desaparece el dolor de cabeza. Eso me recuerda que debo despojarme de mi mente consciente y trabajar de manera más intuitiva, entregarme a Dios y a mi ángel de la guarda.

Sabores y aromas angelicales

Ahora que tenemos una idea aproximada de cómo podemos ver, escuchar y sentir su presencia, llegamos a los sentidos más sutiles, tan importantes como los demás. Se trata del sabor y el olfato sutiles, es decir, el clarigusto y el clariolfato. Estos dos sentidos son ligeramente engañosos, porque nos solemos centrar en los sentidos físicos, basados en las papilas gustativas y la nariz. Tu ángel de la guarda puede proporcionarte el indicio de un sabor, y tal vez pienses que se trata solo de un cuenco de limones. Pero tienes que mostrarte abierto y saber que todo lo que quieran comunicarte es importante.

Muy bien, ya estamos preparados para pasar al sabor interior. Ahora solo necesitas hacer una lectura rápida, y más adelante te repetiré este proceso. Si percibes más de un sabor, está muy bien, ya que es posible que cuentes con más de un ángel de la guarda, o puede que ambos sabores encierren algún significado importante. Más tarde, durante los ejercicios, hablaré de la posibilidad de tener más de un ángel de la guarda pero, por ahora, limítate a mostrarte abierto ante cualquier cosa y a cualquier medio por el que quieran comunicarte algo acerca de ellos.

Como siempre, respira profundamente, permanece relajado y abierto, despeja la mente y realiza un inventario rápido y ligero de tu boca. Probablemente no la van a utilizar, pero es un buen punto de partida. Solo tienes que prestar una ligera atención a los sabores que te vienen. Si estás masticando chicle o comiendo un bocadillo, por favor, déjalos a un lado y detente un minuto mientras te planteas las siguientes preguntas.

Respira profundamente, despeja la mente y solicita:

4. «Por favor, ángel de la guarda, entrégame un sabor que represente a tu energía».

Pase lo que pase, deja que se desarrolle. Es posible que concibas una imagen de algo que tenga un sabor o quizás ya percibas ese sabor en la boca. Por si acaso, presta ligeramente atención a esta zona.

Despeja la boca tragando saliva, dale las gracias y vuelve a plantear la petición.

«Por favor, ángel de la guarda, entrégame un sabor que represente a tu energía».

A continuación, advierte cualquier cosa que te venga a la cabeza, así como cualquier cambio que se produzca en tu boca o en tu mente y anota todo lo que sientas.

_____

_____

_____

_____

_____

Muy bien, cada vez lo haces mejor. Pasemos ahora al olfato. Una vez más, respira profundamente. Presta atención a tu nariz, pero no inhales como lo sueles hacer cuando hueles el café, sino que debes limitarte a oler con normalidad.

Muy bien, ahora pídele a tu ángel de la guarda un aroma que represente a su energía.

5. «Por favor, ángel de la guarda, entrégame un aroma que represente a tu energía».

Venga lo que venga, adviértelo y, a continuación, respira profundamente, despeja la mente y vuelve a pedir de nuevo un aroma que represente a la energía de tu ángel de la guarda. Anota todo lo que haya sucedido.

¡Buen trabajo! Ahora ya te has abierto a tus cinco sentidos sutiles y psíquicos. Tu ángel de la guarda también está perfeccionando su comunicación contigo.

Otra nota importante: no todo el mundo tiene acceso a la totalidad de los cinco sentidos sutiles. Por tanto, si trataras de obtener un aroma o un sabor y este no viene, solo debes saber que tu ángel de la guarda no se está comunicando contigo en esas áreas. Casi todos los ángeles de la guarda utilizan la visión y el oído interior. Esos son los sentidos más importantes para llevar a cabo lo que vamos a hacer a continuación. Pero si tu ángel de la guarda te respondiera con un toque, un sabor o un aroma, sería una información muy valiosa.

El nombre de tu ángel de la guarda

Ha llegado el momento de realizar la gran petición. Quiero que hagas este ejercicio de una forma un poco distinta, así que trata de plantear la cuestión exactamente tal y como la he escrito y observa si funciona. Una vez más, te volveré a pedir que repitas la petición, de tal modo que puedas recibir una confirmación.

6. Respira profundamente. A continuación, pídele a tu ángel de la guarda un nombre que represente a su energía:

«Por favor, ángel de la guarda, entrégame un nombre que represente a tu energía».

Espera hasta que escuches o veas un nombre. Sea lo que sea lo que recibas, acéptalo. Tanto si percibes dos nombres como diez, es perfectamente válido. Un nombre largo, un nombre común, un símbolo, todo sirve. A continuación, utilizando tu imaginación, visualiza la imagen de una pizarra y contémplate a ti mismo borrándola, hasta que quede completamente limpia. Seguidamente, pídele a tu ángel de la guarda que escriba en esa pizarra el nombre que represente a su energía. Espera hasta que aparezca algo en tu imaginación, pero no durante demasiado tiempo, ya que normalmente se muestra en unos pocos segundos.

Después, una vez más, obsérvate a ti mismo borrando esa pizarra y pídele a tu ángel de la guarda que escriba en ella el nombre que represente a tu energía, si así lo desea:

«Por favor, ángel de la guarda, escribe en la pizarra un nombre que represente a tu energía».

Cualquier cosa que veas, y de la manera que la veas, será adecuada. Anótalo. Tal vez descubras que, mientras escribes el nombre en las líneas que aparecen a continuación, el ángel de la guarda te corrige. Solo déjate llevar por lo que parece adecuado; ellos te lo harán saber. Aprenderás a escribir correctamente su nombre mientras trabajas con ellos. Trata de anotarlo de la misma manera que lo viste escrito en la pizarra, incluyendo los colores, las mayúsculas, una firma, los números romanos o el modo en el que se haya escrito. Si aparecen dos o más nombres, limítate a dar gracias por ellos.

_____

_____

_____

_____

Ten en cuenta que podrías tener a dos o más ángeles de la guarda declarando su nombre, o un nombre que contiene guiones, o puede que te hayan revelado dos nombres que tendrás que unir para formar uno solo. Tendrás una clara comprensión de lo que estás experimentando. Si aparece más de un ángel, normalmente escribirán su nombre en la pizarra de una manera distinta. Uno podría estar en letras grandes y en negrita y el otro, en cursiva. Independientemente de cómo lo escriban, eso es lo que necesitas saber.

Por mi experiencia con los participantes de mis talleres, sé que a algunos no les gusta el nombre que su ángel de la guarda ha elegido. Pero aunque discutas con él o trates de borrarlo, o simplemente te sientas contrariado, descubrirás que él sigue repitiendo el mismo nombre. Solo tienes que anotarlo y aprender a aceptarlo. Puedes estar seguro de que tendrá algún significado.

A una mujer que acudió a uno de esos talleres no le gustaba el nombre de su ángel de la guarda: «Patsy». La mujer discutió con él y nos explicó que no podía ser posible que su ángel de la guarda se llamara «Patsy». Pero cuando le pidió que lo escribiera de nuevo en la pizarra, siguió apareciendo el mismo nombre.

La mujer, de nuevo contrariada, lo borró y le dijo de manera muy educada:

Por favor, ángel de la guarda, anota tu verdadero nombre en la pizarra.

Luego se echó a reír, porque por toda la pizarra aparecía escrito: «Patsy, Patsy, Patsy, Patsy, Patsy». Está claro que el nombre de su ángel de la guarda era realmente Patsy.

El nombre del ángel de la guarda de otra mujer era «Fred». ¡Qué poco le gustaba a aquella mujer ese nombre! Así que trató de cambiarlo, le dijo que ese no era el nombre de un ángel e, incluso, trató de convencerle de ello. Pero cada vez que respiraba profundamente, se relajaba y pedía un nombre que representara la energía de su ángel de la guarda, aparecía la palabra «Fred». Sí, aquel ángel se llamaba Fred. Más tarde, descubrió que había una razón para ello. El ángel quería emplear un nombre que fuera humilde, fácil de pronunciar y que resultara divertido para ella. Solo tenemos que confiar en que nuestro ángel de la guarda sabe más cosas acerca de su nombre y es más consciente de lo que hace que nosotros. Por tanto, debes aceptarlo, sea cual sea.

Por otra parte, algunas personas no pueden concebir que su ángel de la guarda tenga el nombre de un ángel conocido. Otro participante de mis talleres recibió el nombre de «Miguel». Le resultó muy difícil de creer, porque pensaba que no podía tener a un ángel tan poderoso como el arcángel Miguel. Pero era cierto. Su ángel de la guarda era el arcángel Miguel.

Afirmaciones

Si todavía no has arrojado este libro al suelo porque no te puedes creer lo que hay escrito en él, si te resulta imposible entender lo fácil que es o si simplemente no concibes que realmente estés hablando con tu ángel de la guarda y te preguntas si todo esto no es más que el fruto de tu imaginación, solo tienes que relajarte y dejarte llevar. A partir de ahora, dirígete a tu ángel de la guarda por su nombre. Si no te han proporcionado un nombre, sino un color o un símbolo, acéptalo. Es algo parecido a nuestro número de teléfono. Cada vez que utilices este nombre, ellos estarán todavía más cerca y escucharán todo lo que tengas que decir. Aparecerán al instante y nadie más se encontrará presente. Tratemos de conocerlos y de saber qué mensajes tienen reservados para nosotros.

7. No olvides respirar profundamente y, tras llamar a tu ángel de la guarda por su nombre, pedirle una afirmación breve que te ayude en este momento de tu vida:

«(Nombre del ángel de la guarda), por favor, entrégame una breve afirmación que me ayude en este momento de mi vida».

Pide una frase, algo que puedas anotar en un *post-it*, y colócalo por la casa, en el coche o en tu lugar de trabajo. Mientras lees estas palabras, es posible que ellos ya estén hablando contigo; si hay algo que se te haya pasado por la cabeza, anótalo inmediatamente. Sea lo que sea lo que te venga a la mente. Podría ser una canción, o un anuncio que hayas visto alguna vez en la televisión. Limítate a dejar que venga de la manera en la que te lo han enviado. Normalmente, se trata de una frase rápida como: «Quiérete a ti mismo» o «Hazlo».

Mientras me encontraba escribiendo estas palabras, les pedí que me dieran una afirmación actual, y mi ángel comenzó a cantar durante varios minutos:

Rema, rema, rema en tu barca.

Algunas veces, cambian un poco la letra. Una vez escuché, durante una fase en la que me estaba tomando la vida demasiado en serio:

Con alegría, con alegría, con alegría, la vida no es más que un sueño. En otra ocasión escuché en voz alta, como si en mi mente se escribiera con letras mayúsculas:

«DÉJATE ARRASTRAR SUAVEMENTE POR LA CORRIENTE.

En seguida supe lo que quería decir. Me estaba exigiendo demasiado a mí misma y no estaba disfrutando de la vida, por lo que necesitaba tomármela un poco más a la ligera.

Sea lo que sea la afirmación o la frase, quédate con ella y anótala. A continuación, vuelve a apuntarla en lugares que puedas ver durante tu vida cotidiana, ya que procede directamente de tu ángel de la guarda.

_____

_____

_____

_____

Información procedente de tu ángel de la guarda

Llegados a este punto, ya estamos preparados para hacer preguntas que reciban respuestas más largas, y que vendrán en forma de frases. Si lo deseas, puedes anotar la pregunta para seguidamente escribir la respuesta, aunque tu ángel de la guarda puede comenzar a revelártela incluso antes de que hayas acabado de redactar la pregunta. Si ese es el caso, limítate a anotar la respuesta. Puedes retroceder y terminar la pregunta después de haber escrito todo lo que tu ángel tenga que decirte sobre un asunto concreto. Si no anotas después la pregunta, obtendrás una serie de respuestas maravillosas, pero no sabrás lo que habías preguntado. No olvides que una parte de ti se encuentra en el plano físico y otra, en el plano angelical, donde la memoria no funciona tan bien como crees. Te dejaré mucho espacio para que anotes la pregunta y la respuesta.

Después de respirar profundamente de nuevo, despeja la mente y relájate...

8. Pregúntale a tu ángel de la guarda, dirigiéndote a él por su nombre, por qué te ha entregado cierto símbolo, tacto o palabra en los últimos ejercicios. Asegúrate de que estás preguntando por algo reciente. Más adelante pediremos otro tipo de información, pero en este momento estás sentando las bases para establecer la comunicación. Así, pregúntale por qué viste canela en rama cuando lo que pediste fue un aroma, o cualquier cosa que hayas recibido y no veas clara, aunque la hayas anotado

Algunos ángeles hablan mucho, son verdaderos charlatanes; otros solo dicen unas cuantas palabras. Si escuchas o percibes cinco palabras, anótalas. Eso es todo lo que tienen que transmitirte. Algunos ángeles son silenciosos. Pídeles que te hablen o que otro ángel se exprese en su nombre, ya que no puedes escucharlo.

Limítate a seguir respirando y anota todo lo que escuches y veas en tu entorno interior.

Ya posees una buena información acerca de tu ángel de la guarda pero, a partir de ahora, preguntaremos y recibiremos información privada que sea importante para ti y para tu vida. Por favor, sigue utilizando las preguntas que te he proporcionado; una vez que mantengas conversaciones completas, puedes continuar adelante tú solo. Solo hay dos cuestiones más que me gustaría que plantearas para acabar de sentar las bases de tu comunicación.

Una de ellas consiste en preguntar por tu pasado. Muy bien, respira profundamente, relájate y...

9. Pregúntale a tu ángel de la guarda sobre algo que esté relacionado con tu pasado, algo que te haya sucedido y de lo que quieras saber más detalles: la razón o la importancia de algún acontecimiento personal. Algunas personas han preguntado por un ser querido fallecido o por sus problemas de salud. Una vez más, todo gira en torno a algo que guarda relación con tu vida. No debes invadir la privacidad de los demás preguntando si alguien te va a amar para toda la vida o si te está engañando. Solo debes preguntar por algo que está relacionado exclusivamente contigo. Tu ángel de la guarda lo sabe todo sobre ti y está ahí para ayudarte con tu vida, no con la vida de los demás. Existen otros ángeles a los que puedes plantearles ese tipo de preguntas sobre los demás pero eso pertenece a otro libro. Por ahora, es el momento de que recibas información angelical relacionada con tu vida pasada reciente.

En los talleres, muchas personas se echan a llorar porque estos mensajes procedentes de su ángel de la guarda son demasiado profundos. Como la información es personal, siempre depende de nosotros compartirla con los demás. Cuando los participantes lo hacen, todo el grupo se siente conmovido por la sabiduría que demuestran esos poderosos seres de luz. Algunas de las preguntas eran las siguientes: «¿Por qué he elegido a estos padres?», «¿por qué mi hijo (pareja, madre, hermano) ha muerto?» o «¿Por qué padezco esta enfermedad?» En esos momentos se responde a preguntas muy profundas y espinosas. Muéstrate abierto a la sabiduría de tu ángel de la guarda. Merecerá la pena haber corrido el riesgo de plantear esas graves preguntas. Las respuestas te dejarán sorprendido.

Información del presente

Una vez que hemos preguntado por aspectos relacionados con el pasado, ha llegado el momento de preguntar por el presente. Todavía te estoy guiando de manera metódica para que puedas obtener información anotando todo lo que escuches. Más tarde, podrás preguntar cualquier cosa que desees saber pero ahora, por favor, respira profundamente y...

10. Plantéale a tu ángel de la guarda (por su nombre) una pregunta acerca de tu momento presente. Podría tratarse de algo relacionado con tu trabajo, con el dinero, con el amor, con la salud, con el desarrollo espiritual o con el ocio. Cualquier cosa que quieras saber, pregúntalo. Por ejemplo: «¿hay algo que deba saber ahora sobre mi trabajo?» o «¿tengo un problema de salud? Por favor, guíame sobre lo que debo hacer».

Si necesitas más información, puedes seguir realizando preguntas acerca de algo que te haya dicho. Solo tienes que seguir hablando y escuchando hasta que hayas agotado el tema y te sientas satisfecho. Anota la conversación que hayáis mantenido, así como las respuestas de tu ángel de la guarda. Cuando se canse de responder a tus preguntas, dejará de hablar y no podrás convencerlo para que profundice más. Entonces sabrás que eso es todo lo que tiene que decir sobre ese tema, al menos por ahora.

_____

_____

_____

_____

_____

_____

_____

_____

_____

_____

_____

Algunas veces, un cliente me pide le que pregunte a su ángel de la guarda cuál es el propósito final de su vida. Yo planteo la cuestión en nombre de esa persona, pero normalmente la información que consigo es imprecisa, como: «Ama a todos». Eso está bien, pero mi cliente busca algo un poco más concreto, por ejemplo saber qué carrera profesional debe elegir. Ellos quieren saber si están haciendo las cosas de la mejor manera posible. He descubierto que recibo más información si planteo una pregunta concreta que tenga más aplicación práctica, así que suelo preguntar:

«¿Cuáles son los siguientes tres pasos que él o ella puede dar para cumplir con el propósito de su vida?». Al parecer, a los ángeles les gusta que los interroguemos de esa manera; normalmente obtengo una gran respuesta y una tonelada de sabios consejos.

Pero, cuidado, pues lo primero que te pueden decir es: «Lava los platos». Puedes pensar que lavar los platos no forma parte de la misión de tu vida; sin embargo, si realmente lavas los platos cuando te lo piden, tal vez descubras que puedes recibir sorprendentes conocimientos mientras llevas a cabo esa tarea.

Muchas veces me doy cuenta de que obtengo conocimientos y comunicación con mi ángel de la guarda cuando realizo tareas mundanas, cuando medito o cuando me despierto del sueño. Mi mente se encuentra fuera de juego, no me lo espero y, de repente, se enciende la luz y recibo una directriz y una orientación muy importante para mi vida.

Sigue planteando más preguntas, si lo deseas, hasta que hayas agotado el tema que te inquieta en ese momento. Pueden referirse a la salud, el dinero, el amor, el tiempo libre y la espiritualidad. Tampoco es necesario que agotes todas las preguntas en un solo día. Una vez que se ha abierto el camino, siempre puedes volver a hablar con tu ángel de la guarda y escuchar lo que te dice, ya que en todo momento estará a tu lado.

El futuro

Ha llegado el momento de averiguar cosas sobre el futuro. Como ya hemos preguntado por el presente y tal vez hemos recibido respuestas sobre el futuro cercano, preguntemos por el futuro a largo plazo. Así, después de respirar profundamente...

11. Pregúntale a tu ángel de la guarda (por su nombre) acerca de algún tema que te gustaría conocer para que te sirva como referencia futura. Mantén una conversación, haz preguntas, consigue más detalles y sigue anotando todo lo que te dicen hasta que dejen de hablar y de transmitir. Pregunta por cualquier cosa que quieras saber. Personalmente, me gusta preguntar hasta por mis planes de viajes. ¿Hay algún viaje que me resultaría beneficioso realizar? ¿Puedo cambiar de trabajo? ¿Cómo puedo lograrlo? ¿Existe algo relacionado con mi salud que debo conocer para cuidar mejor de mi cuerpo? ¿Me convendría comprar o vender mi casa?

Recuerda que debes respirar profundamente, escribir la pregunta y mantener una conversación escrita con tu ángel de la guarda.

¡Buen trabajo! ¡Por fin estás hablando y escuchando a tu ángel de la guarda! ¡Enhorabuena! Puedes mantener una conversación con él en cualquier momento que lo desees, ya que siempre está a tu lado. Solo tienes que llamarlo por su nombre. Él te escuchará y te hablará.

Sin embargo, normalmente tendrás que plantear una pregunta para que te hable. Son muy educados y desean comprender qué necesitas saber. No empezarán a contarte detalles de tu vida, sino que esperarán a que les preguntes para darte información.

A partir de ahora, de ti depende practicar y dedicar más tiempo a afianzar tu relación con ellos. Puedes hacerte con un diario o con un libro de notas para registrar estas comunicaciones. Asegúrate de añadir la fecha en cada anotación. Y disfruta mucho.

Al final de una comunicación con un ángel, puedes sentirte ligeramente mareado o desorientado, así que debes cerrar un poco tus sentidos sutiles y enraizarte. No olvides que puedes descargar la energía en el centro de la Tierra con solo imaginar que tienes un asa en el hombro y tiras de ella. ¡Deséalo! Una vez que lo hayas hecho, te sentirás mucho mejor.

El cuerpo físico puede necesitar cierto tiempo para ajustarse a esta energía superior. Se trata de una energía nueva, pura y amorosa. Por tanto, una vez que hayas practicado un poco, se ajustará y ya no padecerás más problemas de desorientación. La energía de tu ángel de la guarda se percibirá dichosa, y recuerda que tú eres la única persona que la ha recibido. Su energía estará en armonía con la tuya y hará que te sientas bien.

Pero todavía no hemos terminado. Debemos cerrar la sesión, así que sigue leyendo, aunque te invada el asombro que te produce la presencia de tu nuevo amigo celestial.

Cierre

De igual manera que hemos abierto nuestros sentidos sutiles, ahora vamos a cerrarlos. De ese modo, no percibirás las emociones y los pensamientos de todos los que te rodean. Resulta muy agotador permanecer constantemente abiertos en este plano físico, captando todo lo que ocurre en el planeta. Si lo deseas, puedes hacerlo, pero probablemente te dejará agotado.

Antes de dar por finalizada la comunicación con nuestro ángel de la guarda, debemos plantearle algunas preguntas importantes. ¿Qué momento es más propicio para hablar con él? Seguramente él tiene algo que decir al respecto. Al mío le gusta hablarme a las cuatro de la mañana. A esa hora estoy disponible, durmiendo, y no hay nadie a mi alrededor que me pueda molestar. Sin embargo, cabe la posibilidad de que ese método no funcione en tu caso. Por tanto, pregunta y negocia con él. Es posible que las siete de la mañana sea una hora más conveniente para ti.

Hazle saber que estás disponible en cualquier momento que desee hablar contigo, especialmente en caso de que se produzca una emergencia. Cuando tenga algo que decirte, él te enviará un mensaje sutil. Pregúntale de qué tipo de mensaje sutil se trata. Anótalo, ya que probablemente lo olvidarás, puesto que será tan sutil que cabe la posibilidad de que no lo captes al instante.

Pídele que te envíe cualquier mensaje de cierre.

_____

_____

_____

_____

_____

_____

_____

Este es un buen momento para pedirle una bendición a tu ángel de la guarda. A ellos les encanta añadir bendiciones divinas a sus tareas y siempre aprecian los encargos espirituales. Dale las gracias a tu ángel de la guarda por haber hablado contigo, ya que a él también le gustan mucho la gratitud y el amor.

Para finalizar la sesión, pide que tus sentidos sutiles se cierren. No que se bloqueen, sino que se cierren. Puedes volver a abrirlos de par en par por medio del pensamiento o de la intención. No es difícil de conseguir. No se requieren palancas.

Algunas personas se imaginan una puerta o una ventana que se cierran. Conozco a una mujer que tiene la visión de la claraboya de un barco que se cierra de golpe. También puede tratarse de una tela o de un velo que cae sobre el rostro, algo que pueda anular tu sensibilidad.

Antes de regresar a tu vida normal, vuelve a realizar el ejercicio de enraizamiento. Solo tienes que imaginarte de nuevo ese rayo de luz que desciende directamente sobre ti desde los cielos, atraviesa tu cuerpo y penetra en el centro de la Tierra. Inhala ese rayo mientras se adentra en tu cuerpo y sale de él. Respira hasta que te sientas pesado y, a continuación, detente. Debes estar enraizado, pero no atrapado en el lodo.

Como ya he dicho, puedes mantener una conversación con tu ángel de la guarda cada vez que lo desees. De hecho, escuchar es la parte más difícil de todo este proceso. Ellos nos escuchan, pero nosotros estamos tan acostumbrados a nuestro mundo y a nuestros sentidos físicos que podemos tener dificultades para escuchar sutilmente. A medida que vayas practicando, te resultará más sencillo.

Nuestro ángel de la guarda normalmente se sitúa detrás de nosotros, de tal modo que no se interpone en nuestro camino; esto nos permite tomar nuestras propias decisiones. Así es como debe ser. Vivimos en un planeta donde existe el libre albedrío. Tú y yo tomamos nuestras propias decisiones, independientemente de lo que nos digan los ángeles. Somos responsables de nuestra propia vida. Por tanto, si has escuchado algo que no te ha parecido adecuado, tómatelo únicamente como una consulta, como si hubieras llamado a un asesor para que revise tu empresa y te dé algunas recomendaciones. Lo que los ángeles nos dicen hoy, puede cambiar mañana, ya que tomamos todo tipo de decisiones de un día para otro. Tú y yo somos responsables de nuestra propia vida en este mundo. Pero siempre es conveniente contar con algunos consejos de los ángeles.

¡Pero creo que me lo estoy inventando!

Nuestra primera reacción a lo que escuchamos cuando pedimos que nos envíen un mensaje es pensar que nos lo estamos inventando. Si te ocurre esto, te diré que estás en el buen camino. Lo cierto es que es posible que siempre pienses que te estás inventado todo esto. Pero no lo estás haciendo y te diré por qué. Nuestros ángeles de la guarda

utilizan nuestra imaginación, nuestro cuerpo, nuestro conocimiento interior y nuestros recuerdos para comunicarse con nosotros. Puede parecer que te lo estás imaginan-
do todo, ya que la estación receptora que emplean para su
comunicación se encuentra dentro de ti. Tu imaginación
puede elaborar tus propios pensamientos y deseos, y ser
un receptor con el que captar la información exterior. Si
te pido que cierres los ojos y visualices el lugar en el que
estás leyendo este libro, puedes ver en tu mente una imagen
del entorno en el que ahora mismo te encuentras. Es una
imagen que has creado en la «pantalla» de tu imaginación.
Cuando le pediste a tu ángel de la guarda que te ofreciera
un símbolo que representara a su energía, visualizaste en la
pantalla de tu imaginación el símbolo que te había transmitido, que obtuviste de él mismo. Tu ángel de la guarda
te envía un pensamiento: la energía que recibiste cuando
abriste tu mente para captarlo. Prestas atención a tu entorno interior y eso es lo que obtienes.

Cuando escuchas que la voz de la conciencia te dice a ti
mismo: «Oh, venga ya, soy yo el que está inventando esto»
o «Pensé en esto porque esta mañana tomé chocolate en el
desayuno. Mi ángel no puede elegir el chocolate para indi-
car un sabor que represente su energía». Pues sí, claro que
puede. De hecho, es un sabor maravilloso para representar
el amor de tu ángel de la guarda. Tu crítico interior normalmente se muestra muy escéptico y temeroso, mientras que
tu ángel de la guarda es amoroso y alentador.

Recuerda que la parte de nosotros que rechaza la información que recibe y trata de hablarnos sobre lo que nuestro
ángel de la guarda nos ha comunicado se llama nuestro crítico interior. El crítico interior puede disuadirte de que sigas
manteniendo una comunicación con tu ángel de la guarda.
Estará constantemente espoleándote, afirmándote que todo
eso te lo estás diciendo a ti mismo y que no procede de

ningún ángel. Esa es su tarea. Se supone que debe ser escéptico. Cuanto más discernimiento ejercites en tu vida, con más fuerza te hablará tu crítico interior. Si eres una persona con mucho raciocinio y muy perfeccionista, más problemas te planteará tu crítico interior, que estará muy desarrollado, porque lo utilizas con mucha frecuencia. Te resulta de mucha ayuda en el plano físico, pero ese crítico interior puede llegar a impedir que creas que estás manteniendo una comunicación celestial. No se lo permitas. Limítate a decirle: «Muchas gracias por compartir tus impresiones conmigo, pero ahora sé que la comunicación procede de otra fuente que no soy yo, pues, de lo contrario, no tendría ningún problema con mis propios pensamientos».

Si te mantienes abierto y confiado hacia los demás, si eres intuitivo en la manera de llevar tu vida, tendrás las cosas mucho más fáciles con tu crítico interior. Sin embargo, debes saber que el crítico interior te ha impedido cometer muchos errores a lo largo de tu vida. Por tanto, no es algo negativo. Pero, por lo que respecta a este trabajo, puede resultar una carga, ya que se basa en las pruebas físicas, en el conocimiento y en tus experiencias pasadas, que no tienen sentido en el mundo no físico. Hablar con tu ángel de la guarda, que no es un ser físico, es algo que a tu crítico le cuesta admitir, ya que le resulta casi imposible comprender que este tipo de seres puedan siquiera llegar a comunicarse. Para él es muy difícil. Por tanto, si consigues quitarte ese obstáculo de encima, habrás hecho un buen trabajo. Pero tendremos que reducir un poco más el campo de acción de tu crítico interior para que puedas disfrutar plenamente y beneficiarte de los consejos que te proporciona tu ángel de la guarda.

La «prueba del algodón» está en saber escuchar y en actuar dejándote llevar por tu guía interior. Cuando vives experiencias que demuestran que la información que ahora sigues está mejorando notablemente tu vida, el crítico interior cederá un poco y te sentirás más libre para abrirte a todo lo que te diga tu ángel de la guarda. Por favor, debes saber que este solo te transmitirá palabras de aliento, aunque esas palabras puedan ser enérgicas y constantemente imperativas, como: «¡Levántate del sofá, apaga el televisor y ve a trabajar en tu libro!». A pesar de su energía, sabes que la voz te está guiando para que hagas algo útil. Es lo que sabes que debes hacer, pero necesitas un empujón para llevarlo a cabo.

Durante toda mi vida he sido clarividente, y algunas veces mi crítico interior me ha dicho: «Tienes mucha desvergüenza por hacer este trabajo. Te lo estás inventando todo». ¿Te lo puedes creer? Pero es como si los ángeles escucharan alto y claro esas palabras en el cielo, porque al instante me encuentro paseando por la calle o comprando en un centro comercial y, de repente, alguien se acerca a mí corriendo y me dice:

Oh, muchas gracias por haber hablado en mi nombre con mi ángel de la guarda. Eso me ha cambiado la vida. Quiero que conozcas a mi familia. Les he hablado mucho de ti.

Entonces, levanto la mirada hacia el cielo (no me preguntes por qué lo hago, supongo que llevo mucho tiempo acostumbrada a creer que los seres de luz y la Divinidad habitan allí) y les doy las gracias.

Ahora que he dado mi punto de vista acerca de la parte «negativa» del crítico interior, también diré que tiene sus cosas positivas. Sin él, al principio puede que no sepamos dónde comienza la comunicación con un ángel y cuándo se acaba. Recuerda que todo lo que sientes, ves o escuchas de manera intuitiva inmediatamente después de plantear la pregunta procede de tu ángel de la guarda. Las preguntas muy rápidas algunas veces obtienen respuestas justo a la mitad. Tu ángel de la guarda seguirá hablando contigo hasta que tu crítico interior te interrumpa y diga algo parecido a: «Por supuesto que sé eso», «Solo es una expresión de tus deseos», «Ya pensé en eso ayer, así que soy yo el que repite esas palabras» o «No es posible que llegue a convertirme en un fotógrafo famoso, no soy más que un aficionado», bla, bla, bla. Nuestro crítico interior se muestra muy duro ante lo que escuchamos, porque le parece que todo es demasiado sencillo o demasiado complicado.

Existe un secreto espiritual que algunas personas no desean que sepas: la comunicación con la Divinidad y con el mundo espiritual, incluyendo a los ángeles, es muy sencilla. No importa lo que comiste a lo largo del día, con quién dormiste, cuál es tu práctica espiritual o lo mucho que reces. Escucharás a tu ángel de la guarda, independientemente de lo que hayas hecho o de lo mala persona que consideres que eres. Tu ángel de la guarda se comunicará contigo en cualquier momento, en cualquier parte y bajo cualquier circunstancia. Algunas veces, el problema radica en que no queremos escuchar lo que nos tiene que decir. Puede que ese día nos sintamos perezosos o pensemos que estamos demasiado cansados como para hacer nada más. Pero cuando nuestra vida no funciona de manera adecuada, nos mostramos más abiertos a hacer lo que él nos aconseja. Ese es un buen aspecto positivo del sufrimiento, ya que nos impulsa a probar algo distinto.

Por tanto, para resumir, la comunicación con los ángeles comienza inmediatamente después de que hayas formulado la pregunta. Puedes pedirle a tu ángel de la guarda que te proporcione más información o repetirle lo que tu crítico interior te está diciendo y pedirle ayuda. Escucha su respuesta. Él te conoce perfectamente y puede ayudarte en todo, incluso con el crítico interior que está convencido de que te lo estás inventando todo.

Una vez, un ángel de la guarda con el que estaba hablando me mostró a la persona que se encontraba a su cargo subida a un helicóptero y ayudando a otras personas. La mujer que se hallaba delante de mí era muy menuda y el trabajo que el ángel de la guarda me mostraba resultaba bastante pesado. Durante esa visión, aquella mujer estaba recibiendo ayuda física —no se encontraba sola— pero el trabajo era peligroso y manejaba un equipo muy pesado. Vino a mí preguntándole a su ángel de la guarda qué cambio debería realizar en su carrera profesional: quería saber si debía estudiar, tratar d encontrar un empleo u otra cosa. Me comentó que se había mudado recientemente hacia aquella zona del país. Le pedí a su ángel de la guarda que me mostrara qué empleo era el más adecuado para ella. De nuevo, el ángel me mostró la escena del helicóptero. Así que confié en él, me aventuré y le describí a aquella mujer todo lo que su ángel de la guarda me había enseñado.

Ella asintió con la cabeza y, a continuación, comencé a tener otra visión en la que aparecía de nuevo en el helicóptero, ayudando a personas que estaban heridas. Le describí con todo detalle esa escena y le expliqué que su ángel de la guarda la animaba a que trabajara en el campo de la asistencia médica con helicópteros. Mi clienta comenzó a llorar. Me explicó que hacía unos meses había regresado de la guerra de Irak y su trabajo en aquel país consistía en entrenar a las tropas, empleando el transporte aéreo. Ella quería aprender a volar y, posiblemente, convertirse en enfermera, pero no pensaba que fuera posible. Sin embargo, el ángel de la guarda me mostró una escuela y siguió dándome consejos muy claros acerca de cómo podría comenzar una profesión como civil. Gracias a Dios, supe reconocer lo que su ángel me estaba mostrando.

Una participante de un taller tenía un crítico interior extremadamente activo. Pensaba que yo estaba como una cabra. Mi experiencia me dicta que, cuanto más evaluadora sea una persona, más poderoso y resistente es su crítico interior. Cada vez que le decía que no se estaba inventando nada y que realmente era su ángel de la guarda el que hablaba con ella, hacía una mueca de incredulidad y ponía los ojos en blanco. Me di cuenta de que aquella mujer se estaba planteando la posibilidad de pedirme que le devolviera el dinero, salir de allí e ir a comprarse cualquier cosa que le proporcionara algo más que sus propios pensamientos recogidos en un papel. Pero fue valiente y continuó en clase.

Cuando comencé a ir por la sala escuchando el relato de las cosas extrañas que les pasaban por la cabeza a todos los presentes, ella se relajó un poco. Especialmente se sintió complacida cuando los demás declararon que también pensaban que se lo estaban inventando todo. Pero confiaron en mí y sintieron un profundo deseo de comunicarse con su ángel de la guarda. Le di mucho apoyo, y ella siguió realizando los ejercicios, probablemente para averiguar qué era lo que los demás iban a concebir a continuación. Finalmente, le propuse que se limitara a fingir que su ángel de la guarda estaba hablando con ella y anotara lo primero que escuchara, independientemente de lo que pensara de ello. Aquello la dejó completamente desconcertada, pero sé muy bien cómo actúan los ángeles de la guarda. En algún momento del taller supo, sin lugar a dudas, que las palabras y las visiones que estaba recibiendo eran extraordinariamente profundas y que ella no habría sido capaz de generar tanta sabiduría.

Finalmente, su ángel de la guarda formó una frase demoledora: debía equilibrar las actividades en las que estaba involucrada. Mi clienta trató de cambiar las palabras, de rebatir lo que le estaba transmitiendo el ángel, pero este no se lo permitió. Por el contrario, insistió en que aquella era la manera en la que se tenía que formular, y cuando reparó en la frase, su mensaje tuvo perfectamente sentido para ella, aunque no lo había visto antes. Supo que su ángel la estaba ayudando y también demostrando que no se estaba inventando todo aquello. Esa información procedía de algo que se encontraba fuera de su conocimiento y de su experiencia. Levantó la mirada con los ojos llenos de lágrimas y exclamó: —¡Estoy hablando con mi ángel de la guarda!—. Esos son los momentos que más me gustan de mi trabajo.

Cómo se comunican conmigo

Muchas veces, la gente me pregunta cómo el ángel de la guarda se comunica conmigo durante las lecturas y en los talleres. Hay que saber que en una conversación es esencial contar con dos partes. Según mi experiencia, los ángeles de la guarda siempre aparecen cuando se les pide que lo hagan, lo cual resulta reconfortarte y esencial en mi trabajo con ellos. Estos seres nunca se ausentan, ni muestran reticencias a la hora de hablar. Siempre están presentes. ¡Muchas gracias, ángeles! Me encanta esa constancia, ya que siempre puedo contar con el hecho de que va a aparecer mi ángel de la guarda en el momento en que lo necesito.

También sé que todos los ángeles desean hablar con la persona que se encuentra a su cargo ya que, de lo contrario, no los habrían enviado a verme y a hacer este trabajo. Por tanto, sé que los ángeles de la guarda se sienten tan motivados como yo, o tal vez más, para mantener una conversación. Lo mismo sucede en tu caso: si tu ángel de la guarda no quisiera hablar contigo, nunca habrías llegado a leer este libro.

Lo primero que hago cuando estoy impartiendo una lectura de su ángel a un cliente es pedir un mensaje de su ángel de la guarda para que así pueda descubrir en seguida la manera en la que este se va a comunicar conmigo. Encontrar el camino que va a utilizar resulta esencial. A veces, un ángel puede emplear una manera peculiar de comunicarse, con la que no estoy familiarizada. En ocasiones, los mensajes son tan dispares que no soy capaz de comprenderlos y tengo que preguntar varias veces antes de entender cómo les gusta conversar. Normalmente no tardo demasiado tiempo en descubrir el camino que conduce a un ángel de la guarda, solo unos instantes, porque los mensajes llegan con tanta rapidez que se puede intercambiar mucha comunicación en un lapso muy breve de tiempo.

Algunos ángeles de la guarda se comunican mediante palabras, otros mediante escenas, algunos emplean símbolos, otros actos y otros más, sentimientos. Tal y como has descubierto en la primera parte de este libro, los símbolos y las imágenes normalmente no son lo que pensamos, pero resultan profundos y comprensibles una vez que nos explican cuál es su significado. Sin embargo, sé que la manera en la que un ángel de la guarda se comunica conmigo es la misma con la que se va a comunicar con la persona que se encuentra a su cargo. Se trata de una información muy importante que me gusta ofrecer al cliente. Aunque nunca utilicen esta información y prefieran mantener su propia conversación con su ángel, esto es algo que quiero que mis clientes sepan antes de abandonar una sesión.

Descubrirás que la comunicación práctica y constante incrementa tu capacidad para escuchar a tu ángel de la guarda. Así ha sido en mi caso. Por esa razón, me gusta impartir lecturas acompañadas de escritos y presentaciones. Eso hace que mis sentidos sutiles permanezcan engrasados y en perfecto funcionamiento. De vez en cuando, si estoy demasiado ocupada en el plano físico, me tomo un descanso y dejo de hablar con los ángeles. De esa manera, cuando regreso a mi trabajo con ellos, descubro que me siento renovada y fresca, y puedo retomar el asunto en el mismo punto donde lo dejamos. Pero si paso demasiado tiempo desconectada, pierdo mi conexión con el espíritu y luego tengo que restablecerla.

Durante una lectura, sigo manteniendo un diálogo interno con el ángel y le planteo muchas preguntas. Cuando presentaba un programa de televisión, a menudo los invitados me comentaban lo competente que era entrevistando. ¡Eso se debe a que entrevisto constantemente a los ángeles! Trato de crear un entorno abierto y seguro mientras escucho con atención todo lo que el ángel de la guarda me está diciendo y, a continuación, sigo preguntando continuamente más detalles. Durante las lecturas, siempre tengo un cliente delante de mí con el que estoy hablando en todo momento mientras, al mismo tiempo, mantengo una intensa conversación interna con su ángel de la guarda. Pero me encanta esa multitarea. De esta manera, puedo proporcionarle al cliente la mayor cantidad de información posible dentro del tiempo que dedicamos a la lectura. He necesitado muchos años para dominar esta técnica, pero el esfuerzo ha merecido la pena.

La comunicación con un ángel es más rápida que con la palabra. Los ángeles pueden proporcionarme de manera instantánea una visión y explicármela en nanosegundos. Sin embargo, yo podría tardar dos minutos en explicar por medio de las palabras todo lo que el ángel de la guarda me transmite a través de una visión. Por tanto, mientras les estoy explicando algo a los humanos, el ángel de la guarda no tiene que esperar, sino que sigue hablando conmigo. Eso me resulta muy cómodo.

También me gusta ser muy clara cuando explico en qué consiste mi trabajo: proporcionar la mayor cantidad posible de información práctica detallada y precisa que me envía el ángel de la guarda de un cliente. Por supuesto, todos poseemos una serie de filtros a través de los cuales recibimos información pero, si me piden que me convierta en un canal claro, procuro no adulterar los mensajes que recibo de la manera más humana posible. Sé que no puedo tener una precisión del cien por cien, pero también sé que el ángel me corregirá si me equivoco, y eso resulta de gran ayuda. A menudo, los ángeles me detienen en mitad de una frase si no estoy transcribiendo exactamente lo que quieren decir. Agradezco mucho que hagan eso.

Los nombres de los ángeles algunas veces son de lo más interesante y resultan muy difíciles de pronunciar. Normalmente, durante una lectura, le pregunto tres veces al ángel de la guarda cuál es el nombre que representa a su energía. Si escucho el mismo nombre tres veces, puedo estar segura de que ese es el que desean que utilice. Anotarlo en un papel es otra forma de garantizar que eso es lo que he escuchado porque, si me he equivocado, el ángel me pedirá que cambie la manera de escribirlo.

Disfruto mucho hablando con los ángeles y me complace ser agraciada con su presencia. Poder estar al servicio de los demás de esta manera es algo muy profundo que me llena enormemente. Sin embargo, aunque me encanta nuestra interacción, procuro cerrar mis sentidos sutiles cuando me encuentro en el mundo físico, haciendo recados y ocupándome de mis asuntos. Eso hace que me mantenga con los pies en el suelo para que así, cuando regrese al plano angelical, pueda disfrutar de un equilibrio de mi energía.

Actuar basándose en la información

Es fantástico preguntar y recibir todo tipo de información valiosa, pero actuar siguiendo los consejos que te ha dado tu ángel de la guarda es algo distinto. Prueba a seguir sus consejos. Comprueba si funcionan en tu caso. Los ángeles hablan empleando un tono amable y afectuoso; no son mezquinos ni te dicen que hagas algo que de alguna manera pueda resultar perjudicial para ti o para los demás. Siempre comparten su sabiduría suprema.

Una clienta contaba con una gran cantidad de ángeles a su alrededor. Ellos me mostraron una visión en la que permanecían de pie, reclinados y sentados sobre nubes que la envolvían, mientras mostraban un aspecto aburrido. La visión pretendía transmitir el mensaje de que se encontraban a su lado. Mi clienta se quejaba de que no paraba de pedirles a los ángeles que estuvieran cerca de ella, pero no era capaz de escuchar nada. Los ángeles me dijeron que ella nunca planteó una pregunta, que solo les pedía que estuvieran cerca. La animé a que les hiciera una pregunta o a que les pidiera que le ayudaran de alguna manera y luego comprobara lo que sucedía. Así lo hizo y todos los ángeles se unieron a la conversación, expresando maravillosas palabras cargadas de sabiduría. La mujer no se había dado cuenta de que tenemos que pedirles a los ángeles que nos proporcionen su consejo y su ayuda, que no se limiten a rodearnos y a entrar en nuestra vida si no los hemos invitado. Ellos no pueden intervenir si no han sido requeridos.

Otra situación con la que me encuentro muy a menudo es que algunas personas sufren todo tipo de problemas de comunicación con su ángel de la guarda, y nunca tratan de poner en práctica la información que reciben ni hacen lo que se les aconseja. Todos poseemos libre albedrío y no tenemos por qué seguir las directrices que nos marcan, pero resulta sorprendente lo que sucede y lo mucho que mejora nuestra vida cuando ponemos en práctica los consejos que nos proporcionan. Cuando anotes todos los sabios consejos que te han dado, trata de ver a dónde te conducen. Es posible que estén cumpliendo tus peticiones incluso cuando no estás en contacto directo y consciente con ellos. Estate atento a las sincronicidades.

Muchas veces escucho: «Les he pedido dinero a mis ángeles. ¿Cuándo me lo van a dar?» o «Les he rogado que me curen. ¿Por qué sigo enfermo?». Sí, existen los milagros en los que el dinero llega por correo y en los que se producen curaciones instantáneas, pero muchas veces, cuando pedimos que se obre uno, se abre ante nosotros una oportunidad en la que se precisa que emprendamos alguna acción por nuestra parte. De ese modo, podemos enterarnos de que existe un empleo o un médico brillante de los que no teníamos conocimiento. Cuando damos un paso adelante, se produce la sincronicidad y, a posteriori, nos damos cuenta de que todo es perfecto:,que nuestro ángel de la guarda nos ha estado guiando hacia allí.

¿Recuerdas la vieja historia del hombre que rezó pidiendo ayuda durante una inundación y se quedó esperando a que Dios lo rescatara? Tres veces rechazó la ayuda humana, convencido de que Dios acudiría a salvarlo. Cuando finalmente murió ahogado, le preguntó a Dios por qué no lo había salvado y Él le respondió que le había enviado ayuda divina tres veces, pero que él la había rechazado. Por tanto, cuando los ángeles te envían oportunidades, ya sea a través de personas o de cualquier otra forma, aunque no dé la sensación de que llegan por medio de ellos, debes dar un paso adelante y recibir tu regalo.

La técnica que más me ayuda a discernir cuándo una situación o un lugar determinado es el adecuado consiste en pedir: «Por favor, bendícelo o bloquéalo». Una vez hecho eso, atravieso cualquier puerta u oportunidad que se abra ante mí, ya que puedo estar segura de que va a ser por mi bien. Debemos confiar en ello. Siempre es el camino adecuado, aunque al principio no nos pueda parecer así.

Recientemente, una amiga mía me dejó un mensaje en mi buzón de voz, en el que afirmaba que había escuchado algo que le recordaba esta enseñanza. El mensaje decía: «Apunta hacia la dirección correcta y sigue adelante». Dirígete hacia la oportunidad que tienes ante ti y sigue avanzando. Si has tomado el camino equivocado, tu ángel de la guarda te lo hará saber y lo bloqueará.

Utiliza la ayuda, los consejos y la fuerza de tu ángel de la guarda para avanzar en la consecución del sueño de tu vida. Esto se llama cocreación, unión de espíritu y humanidad y manifestación en el plano físico. Puedes utilizar estos pasos tantas veces como quieras para iniciar una comunicación con tu ángel de la guarda. Puedes preguntar todo lo que quieras saber, buscar los consejos o las opiniones que puedan ofrecerte. Ahora ya tienes un nombre que puedes utilizar para dirigirte a él y puedes sentirlo en tu energía. Sigue hablando con los ángeles y reforzando tu amistad y tus conocimientos angelicales. Se trata de una de las relaciones más importantes que uno puede alimentar y buscar. A lo largo de nuestra vida ellos siempre se encuentran aquí para ayudarnos.

Ahora que ya te has comunicado con tu ángel de la guarda, ha llegado el momento de pasar a la siguiente sección de este libro, que contiene una serie de historias sobre las respuestas que recibieron otras personas cuando decidieron dar ese salto hacia la comunicación interdimensional. Tengo la esperanza de que estas historias te ayuden a confiar en que lo que estás recibiendo es la «voz» de tu ángel de la guarda y en que no te encuentras solo en esta experiencia vital. Muchas personas ya están tratando de mantener relaciones maravillosas con su ángel de la guarda y de expandir su vida de una manera profunda. Mi intención es que mantengas una relación larga y feliz con el tuyo, y rezo para que así sea. Los dos habéis trabajado muy duro para tender un puente que os permita establecer esa comunicación y podéis estar orgullosos de esta nueva conexión. Quiero bendeciros a ti y a esa comunicación.

Tercera parte
HISTORIAS PERSONALES SOBRE
LOS ÁNGELES DE LA GUARDA

El papa Pío XI una vez le contó al futuro papa Juan XXIII que cada vez que se reunía con personas importantes, solía enviar a su ángel de la guarda para que hablara primero con ellas y le allanara el camino.

omo posiblemente no tienes la oportunidad de participar en un taller y de percibir los interesantes y extraños símbolos, palabras, tactos, sabores y aromas que otros ángeles de la guarda envían a las personas que se encuentran a su cargo, he incluido información adicional aderezada con una serie de historias sobre los ángeles de la guarda que te serán útiles para complementar tu experiencia. Todas ellas son historias reales de encuentros con ángeles de la guarda, tanto mías como de otras personas. He modificado los nombres, o simplemente no los menciono, para proteger su privacidad. Algunas de estas historias proceden de los talleres sobre cómo hablar y escuchar a tu ángel de la guarda; otras, de lecturas individuales con los ángeles. He añadido estas historias con la intención de proporcionar interesantes relatos que puedan enriquecer tu experiencia con tu ángel de la guarda.

Cada ángel de la guarda tiene su manera particular de estar y de comunicarse. Gracias a las experiencias vividas por otras personas, podemos tener un atisbo de la multitud de maneras creativas a través de las cuales los ángeles de la guarda se comunican con nosotros y descubrir muchas más cosas acerca de ellos. Constantemente aprendo nuevos rasgos característicos de esos seres de luz. Me siento enormemente sorprendida por la dedicación con la que se toman su trabajo, ayudándonos a lo largo de esta vida para que alcancemos nuestro máximo potencial.

Nunca he conocido a una persona que no tuviera al menos un ángel de la guarda. Cada uno de nosotros posee un poderoso ángel personal al que le han encomendado que sea nuestro mejor apoyo, guía y protector.

No debes olvidar que los ángeles siempre cumplen con la voluntad divina, guiándonos hacia la decisión más fácil y amorosa. Ellos nunca nos conducirían por caminos que pudieran resultar perjudiciales o engañosos para nosotros. Una vez más, insisto en que si escuchas algo que te pueda llevar a una situación que produzca un perjuicio tanto para ti como para los demás, esa voz no es la de tu ángel de la guarda. Si te ocurre eso, interrumpe la comunicación inmediatamente y rodéate de la luz blanca de Dios. Tu ángel de la guarda solo quiere para ti lo mejor y lo más elevado. Todas las comunicaciones serán amables y afectuosas, tal vez directas o divertidas, pero siempre alentadoras y sabias.

Espero que estas historias te ayuden a descubrir la diversidad de maneras en que los ángeles hablan con nosotros.

Y que con ello te des cuenta de que tú también estás manteniendo una conversación real con tu ángel de la guarda.

Nota: cuando me encontraba escribiendo las historias que a continuación vas a leer, descubrí que me resultaba muy cómodo utilizar una abreviatura para referirme a un ángel de la guarda. Por tanto, algunas veces utilizaré AG en lugar de escribir ángel de la guarda. Espero, querido lector, que esto no te distraiga de los contenidos de estas experiencias angelicales.

Diccionario de los ángeles

Un día, regresé súbitamente de un estado de meditación y, mientras salía de él, mi ángel de la guarda me dijo: «Hoy es un día «nohagasnada».

Había estado trabajando afanosamente durante muchas jornadas seguidas, y aparentemente mi ángel de la guarda quería que me tumbara a descansar y no trabajara más. Tenía el día libre, pero mis días de descanso normalmente están llenos de recados, llamadas telefónicas, correos electrónicos y muchas cosas que no he podido hacer durante el resto de la semana. Pero no, aquel día no debía hacer nada. Yo sabía exactamente lo que eso quería decir. Repetía aquella frase cada vez que se me pasaba por la cabeza hacer algo que supusiera trabajo. No, me repetía, hoy no voy a hacer nada. Y funcionó. ¡Dale las gracias a tu ángel de la guarda!

Muchas veces los ángeles son los que crean las palabras que te vienen a la mente. Existe una manera de confirmarnos a nosotros mismos que en realidad es el ángel de la guarda el que está hablando con nosotros. ¡Qué inteligentes son! No tienen necesidad de moverse dentro de nuestra estructura de palabras y definiciones. Pueden expresarse fuera de los diccionarios humanos. Nadie evalúa sus papeles o sus escritos, ni los critica por ser «estúpidos». Ellos simplemente juntan letras, palabras y símbolos con la intención de expresar un concepto que nuestras palabras no son capaces de expresar plenamente. Y lo más sorprendente de todo es que, cuando combinan esos vocablos para formar frases, sabemos exactamente lo que quieren decir.

Cuando tratamos de cambiar la palabra o la ortografía para que encajen en el sistema de nuestro lenguaje, ellos siguen remitiéndonos al mensaje original. «No, he dicho «existenciamiento», E-X-I-S-T-E-N-C-I-A-M-I-E-N-T-O», deletrean. Incluso podemos cortar la comunicación con ellos, molestos por su insistencia. «No existe esa palabra», les replicamos mentalmente. Pero ahí está; existenciamiento, en todo su esplendor. Más adelante utilizamos esta palabra en una frase y nos damos cuenta de que es perfecta para referirnos a lo que deseamos expresar. El estado de existir: existenciamiento.

Bo

Los nombres que eligen los ángeles de la guarda para referirse a sí mismos a menudo son palabras inventadas por ellos. Ponen mucho esmero en idear el término que represente a su energía. Un ángel de la guarda se mostró muy insistente en que el nombre con el que quería darse a conocer era «Bo». «Como en La pequeña Bo Peep», solía decir. «Vale, muy bien. Voy a decirle a la profesional que tengo delante de mí que su ángel de la guarda quiere que le llame «Bo», como en La pequeña Bo Peep». Le pedí al ángel de la guarda que me diera más información: «¿Qué más detalles puedo decirle acerca de ese nombre?».

Él ángel respondió: «*Bo*, son las primeras letras de la palabra inglesa *bold*, ya que yo soy valiente; seré muy enérgico cuando le envíe mensajes, así que no debe pasarlos por alto. Soy fuerte y le proporcionaré fuerza siempre que lo necesite. También lo proveeré de valentía para expresarse cuando hable con clientes o cuando tenga que hacer una presentación delante de un grupo. Ella podrá caminar con paso más firme cada vez que requiera mi presencia».

A continuación, el ángel de la guarda me enseñó un lazo que lucía en el cabello de una persona y explicó: «Cada vez que ella vea un lazo, ya sea de Navidad o para el pelo, estaré atrayendo su atención o, simplemente, saludándola. Por favor, que no los pierda de vista».

Mi clienta estaba emocionada; sentía una fascinación especial por los lazos y, hasta ese día, no sabía bien por qué.

Bett

Un ángel afirmó que su nombre era Bett. Cuando le preguntamos por el significado de ese nombre, dijo:

Como en «¡puedes apostar por ello!» (Bett = «apuesta»). Ella [la persona que estaba a su cargo], tendrá que asumir muchos riesgos en la vida y todos ellos serán buenas apuestas. «Su ángel de la guarda prosiguió: Puedes apostar a que yo siempre estaré a su lado para darle buenos consejos y cuanto más fuerte sea la apuesta, más me gustará, ya que soy tan agresivo como ella lo es en las negociaciones empresariales».

Si hubiéramos aceptado sin más el nombre de «Bett», sin preguntar por su significado, podríamos haber pensado que estaba usando el apodo de Elizabeth, o que se llamaría como Bette Midler. Y, por cierto, no quiso poner una letra «e» al final de su nombre, por más que tratamos de añadirla. Su nombre no la llevaba. Se escribe «B-E-T-T», deletreaba insistentemente.

Debemos tener cuidado de no interpretar la imagen, la palabra, el pensamiento, el sonido o el sentimiento basándonos en nuestras propias experiencias y conocimientos. Siempre debes pedirle a tu ángel de la guarda más información. Procura no tratar de adivinar lo que quiere decir. Pregúntale qué es lo que intenta transmitir, de tal modo que puedas interpretar de manera precisa todo lo que recibas. Yo llamo a esta solicitud «¡sonsácale!». Sonsacar consiste en solicitarles a nuestros ángeles de la guarda que nos proporcionen la definición o el significado de la información que nos están revelando. Cuando el ángel de la guarda me dijo que se llamaba «Bo, como en *La pequeña Bo Peep*» y mi crítico interior hizo saltar la alarma, le sonsaqué: le pedí más información. Tu ángel de la guarda te proporcionará mucha información si así se lo pides.

Las personas que acuden a los talleres a menudo se me quedan mirando extrañadas después de haber obtenido una imagen desconcertante, y me preguntan: «¿Qué significa esto?». Simplemente les digo que deben preguntarle directamente a su ángel de la guarda qué ha querido decir con eso. Si nosotros interpretamos lo que nos transmiten, nos perdemos su maravillosa sabiduría angelical. De hecho, esa es la parte más importante de la comunicación angelical: preguntar el verdadero significado de lo que nos están diciendo. De ese modo, podemos darnos constantemente cuenta de lo creativos y brillantes que son. Los ángeles de la guarda son grandes formadores de palabras y creadores de imágenes. Tienen el universo en sus manos y pueden formar la imagen que represente de manera precisa lo que pretenden decirnos. Nuestra tarea consiste en resistir la tentación de pasar su información a través de nuestros filtros y creencias y de pensar que sabemos de lo que están hablando.

Nuestra tarea más ardua consiste en tener clara la información que recibimos. Si les preguntamos qué significado tiene el sombrero verde que acaban de mostrarnos, ellos podrían respondernos: «Tú también tienes algunos duendes que trabajan a tu lado». ¿Quién sabía eso? La mayoría de nosotros habríamos salido a comprar un sombrero verde pensando que lo que querían transmitirnos es que tuviéramos uno. Pero no, es el sombrero lo que identifica al pequeño duendecillo amigo que trabaja a tu lado en el jardín. Por esa razón, no es extraño que tengas tan buena mano para la jardinería. Los nombres pueden resultar así de engañosos. Por ejemplo, cuando les pedimos que nos revelen un nombre que represente a su energía, se muestran creativos y precisos. Se inventan uno que represente un sentimiento; que contenga letras que sean significativas; que tenga un doble, triple o cuádruple significado; que funcione en múltiples niveles, o que simplemente suene divertido. Cuando les preguntamos por qué han elegido ese nombre, su respuesta siempre es profunda. Entonces nos sentimos sorprendidos.

¿Una sandía?

En otra ocasión, alguien vio interiormente la imagen de una sandía. Eso es todo lo que obtuvo. Finalmente, esa persona me comentó: «Debo de haberme equivocado en algo, porque en las tres últimas preguntas que he hecho, lo único que veo es una sandía».

Le pedí a esa persona que aceptara que la imagen de esa fruta procedía de su ángel de la guarda y que le preguntara qué significado encerraba. El ángel de la guarda le respondió: «De igual manera que una sandía contiene muchas semillas, tú también gozarás de muchas oportunidades en los próximos días. Todos tendremos la posibilidad de convertirnos en plantas maduras si así lo deseamos. Escoge las que tú prefieras».

Así que no lo dudes: ¡sonsácales!

Sonsacar a los ángeles tiene otra ventaja añadida: si olvidamos sus consejos, ellos nos los volverán a repetir. Si interpretamos la información que recibimos, estamos limitados a nuestra existencia física. Ellos disfrutan de una amplia perspectiva y tienen a su disposición un conocimiento universal. La sabiduría divina está encerrada en su lenguaje. Por tanto, lo importante no es solo la imagen, sino también la interpretación de esa imagen. Solo recibiríamos la mitad del mensaje si nos detuviéramos en el símbolo y llegáramos a la conclusión: «Oh, una sandía, debe de significar que nos vamos de *picnic*».

Puesta de sol

Un ángel de la guarda me mostró una puesta de sol en un horizonte rematado por una serie de colinas ondulantes. Cynthia, mi cliente, se encontraba en la cima de una de esas colinas, sujetando un bastón y contemplando esa puesta de sol. Si hubiera interpretado esa escena, le habría dicho que su futuro se presentaba brillante y que las colinas indicaban que tendría una larga vida en la que viviría muchas aventuras. ¿Qué sé yo? Por el contrario, opté por preguntarle al ángel de la guarda de Cynthia por el significado de esa imagen y me respondió que, todas las noches, Cynthia iba a visualizarse a sí misma en la cima de una colina, contemplando su día como si fuera una viajera y observara la puesta de sol. Aquel acto que iba a visualizar cada noche le proporcionaría las directrices que debía seguir al día siguiente. En él, Cynthia vería dónde se encontraba el Oeste mediante la puesta de sol y tendría que trazar el rumbo que iba a tomar al día siguiente. No tenía que marcar su rumbo fijándose en la Estrella Polar, sino por la puesta de sol. Debía que «avanzar hacia el horizonte donde tiene lugar la puesta de sol». Ese iba a ser su lema y su afirmación.

Cuando lepregunté si comprendía lo que su ángel de la guarda le estaba transmitiendo, ella comenzó a llorar. Cynthia sabía exactamente lo que significaban aquellas palabras y se mostró muy agradecida por haber recibido una información tan importante.

No eres tan inteligente

Otra vez tuve a una alumna que se sentía un tanto cautivada por mis capacidades clarividentes y no confiaba en lo que su AG le estaba mostrando durante el taller. No paraba de pedirme que se lo interpretara todo después de cada ejercicio. Solía recibir una imagen de su ángel de la guarda y luego me preguntaba: «¿Esto qué significa?». Le aseguré que en una fase más avanzada de los ejercicios, podría preguntarle directamente a su AG qué mensaje pretendían transmitir teniendo en cuenta lo que estaba recibiendo. Sin embargo, yo no tenía que interpretar sus símbolos, por lo que llegó a la conclusión de que yo no era tan inteligente como había creído en un principio, aunque me siguió la corriente. La alumna siguió recibiendo la visión de enormes bolas de luz, que no cesaban de irradiar y de moverse. En todos los ejercicios, el tema de la luz se volvía a repetir, cada vez de una manera ligeramente distinta, pero seguía siendo una luz. Por tanto, tras cada pregunta, ella me volvía a interrogar: «¿Qué significa?», mientras el tema de la luz continuaba presente. Le aseguré que llegaría el momento de preguntarle a nuestro ángel de la guarda después de que acabáramos de poner a punto las técnicas de recepción de todos los demás. Ella pensó que yo estaba evitando afrontar su caso y dejó de sentirse impresionada por mi capacidad para hablar con los ángeles.

Finalmente llegamos al ejercicio donde todo el mundo podía preguntarle a su AG el significado de sus símbolos, palabras, sabores o texturas. Ella todavía se mostraba un tanto escéptica ante la posibilidad de que su ángel fuera a responderle, pero decidió intentarlo. Cuando por fin estuvo preparada para preguntarle cuál era el significado de las bolas de luz, escuchó: «Posees una luz excelente y siempre podrás trabajar con la luz que procede de nosotros para llevar a cabo tu trabajo de curación. Vendremos en forma de luz y atravesaremos tu cuerpo, bajaremos por tus manos hasta llegar a la zona que estés curando. Cuando veas la luz, sabrás que somos nosotros». Aquella mujer no podía creerlo y yo empecé a parecerle inteligente de nuevo.

Más tarde, su AG comenzó a enviarle imágenes de luz en forma de ondas. «¿Qué significa eso?». «Sonsácales», respondí. Ella asintió con la cabeza, afirmando: «Ah, sí, lo había olvidado».

Me comentó que le habían transmitido que la luz llegaría en forma de ondas y que necesitaba emprender algún tipo de acción con el fin de que las ondas se incrementasen. No se podía limitar a sentarse a recibir un baño de luz; tenía que salir y ofrecer esa luz a los demás. Solo entonces la luz llegaría en ondas cada vez mayores, parecidas a las del mar, sin que a la vista pareciera que tuvieran fin.

Cuando le pregunté en qué trabajaba, me dijo que era especialista en iluminación. Se dedicaba a las instalaciones eléctricas en una tienda de lámparas y acababa de recibir el encargo de diseñar la iluminación de un nuevo templo budista. No fue ningún error haber llegado al taller antes de haber emprendido el trabajo de iluminación del templo. Necesitaba ser capaz de comunicarse con los poderes celestiales. Era la persona perfecta para ese trabajo: poseía los conocimientos técnicos, la disposición y la capacidad necesarios para cocrear con los ángeles el diseño de la luz de ese espacio sagrado. ¡Al final del taller, también sabía cómo sonsacar a los ángeles!

Ajá

Una de las cosas que hago en los talleres es pedirle a cada ángel de la guarda que se coloque delante de la persona que se encuentra a su cargo para que así podamos verlos con nuestro ojo mental. Además les pido a los humanos que se muestren abiertos a cualquier cosa que su AG quiera hacer.

También los invito a que adviertan qué es lo que están viendo, sintiendo o conociendo y, a continuación, les solicito a los ángeles que regresen al lugar que normalmente ocupan dentro del campo de energía de su ser humano. Esto nos proporciona mucha información acerca de ellos.

Una de las participantes, Joyce, comentó: «No me ha gustado. He visto a un perro de aspecto fiero delante de mí. Eso me asustó y en seguida supe que no se trataba de mi ángel de la guarda, porque lo que yo quería ver era a un ángel de aspecto dulce y agradable. Así pues, seguidamente, me mostraron a un ser angelical muy afable de color rosa». Entendí perfectamente que a Joyce le resultara muy incómodo que le mostraran a un perro fiero gruñendo, pero la animé a que le preguntara a su ángel de la guarda qué significaba la visión de aquel animal. Ella lo hizo. Unos segundos después, comenzó a relucir, visiblemente iluminada, y exclamó en voz alta: «¡Ajá!». «¡Mi ángel de la guarda me ha dicho que el perro se encontraba ahí para protegerme!». Ahora se sentía emocionada de poder contar con un perro guardián. Le pregunté si podía mostrarse afable con el animal y darle las gracias por estar protegiéndola. Con su ojo mental, Joyce se visualizó a sí misma acariciando la cabeza del perro. El animal la miró al instante con una mirada cargada de profundo amor, pero inmediatamente regresó a su puesto para protegerla. Joyce se marchó de aquel taller con la cabeza un poco más alta y sintiéndose más segura.

No hago números circenses

Algunos ángeles de la guarda no son tan habladores como los demás. Nunca sé cómo o cuándo se van a mostrar. Una vez, una mujer que acudió a un taller se sentó delante de la clase, en el extremo del grupo, con los brazos cruzados y el ceño fruncido. La expresión de su rostro delataba sus pensamientos: «Claro, voy a hablar con mi ángel de la guarda. ¡Enséñamelo!». No interrumpió el taller pero, sin lugar a dudas, todos los que se encontraban en la sala sintieron su presencia escéptica. Cuando hacía mis pequeñas bromas o mis comentarios divertidos, ella se limitaba a carraspear.

Llegó el momento en el que teníamos que preguntar por el símbolo de nuestro ángel de la guarda y todo el mundo compartió sus experiencias. Cuando llegó su turno, ella repuso: «No he conseguido nada», y siguió con el ceño fruncido, como si quisiera decir: «Esto no funciona». La animé a que siguiera intentándolo. Sabía que había una energía angelical junto a ella y que los ángeles tenían su manera particular de hacer las cosas; por lo tanto, no la forcé, sino que me limité a proseguir con el taller.

A lo largo de los ejercicios, todos los demás relataron alegremente la comunicación que mantuvieron con los ángeles, pero seguimos sin obtener nada de la mujer del ceño fruncido. Me sentía un poco preocupada, pero sabía que había una presencia cerca de ella y traté de guiarla empleando varias tácticas distintas. Sin embargo, ella seguía sin recibir nada.

Finalmente, pedimos que hicieran una interpretación sobre algo que hubiera acabado de suceder, ya fuera acerca del símbolo, de la palabra o del nombre del ángel de la guarda que habían visualizado. Todo el mundo comenzó a escribir y me di cuenta de que aquella mujer se había quedado pálida como la bombilla de un fluorescente y, sorprendentemente, también empezó a escribir. Todos los presentes compartieron con el grupo lo que los ángeles les habían dicho. Cuando llegó su turno, la mujer levantó la mirada y comentó con voz tímida: «No creo que vaya a obtener nada de nuevo, pero cuando le pregunté a mi ángel de la guarda por qué no me ofrecía un símbolo, una palabra o un nombre, vi cómo un ángel se acercó, se inclinó sobre mí, me miró directamente a los ojos y exclamó: «¡No hago números circenses!». Luego prosiguió: «Aquella escena era tan real e inesperada que me asustó. Pero, como por fin me estaba hablando, le pregunté a mi ángel de la guarda por qué se colocó directamente delante de mí y me miró a los ojos. Él respondió: «Porque no confías en nadie que no te mire directamente a los ojos cuando te habla». ¿Y sabes qué? Eso es completamente cierto», comentó riéndose. A partir de ese momento, la mujer del ceño fruncido se convirtió en la mujer alegre y ella y su AG hablaron como si fueran primas que llevaran mucho tiempo sin verse. Su ángel era tan duro de pelar como ella. La energía de nuestro ángel de la guarda está en armonía con la nuestra y su ángel tampoco estaba interesado en ningún tipo de frivolidad: esperó a que llegara lo bueno.

Paul y las ideas preconcebidas sobre los ángeles

En un taller que celebramos en Colorado, cuando llegó el momento de que los participantes pidieran a su ángel de la guarda un nombre que representara a su energía, una mujer, llamada Debbie, comenzó a agitarse cada vez más. Lanzó un par de gruñidos profundos, se cruzó de brazos, se recostó sobre el asiento y dejó escapar un enorme suspiro. Todos compartieron con los demás cuál era el nombre de su AG y cuando llegó el turno de Debbie (que todavía se encontraba recostada en el asiento con los brazos cruzados), le requerí que nos hablara de su experiencia. Ella comentó en un tono de voz cargado de irritación: «Lo único que he obtenido ha sido la palabra «Paul». El nombre de mi ángel de la guarda no es «Paul»». Cuando le pregunté por qué pensaba que el nombre de su ángel de la guarda no podía ser Paul, Debbie nos contó que había escuchado esa palabra hacía muchos años, cuando se lo preguntó a su ángel de la guarda. El nombre de «Paul» le vino alto y claro a la cabeza.

Inmediatamente lo rechazó y nunca más volvió a hablar con su ángel. Y ahora, muchos años después, acude a un taller sobre ángeles de la guarda y escucha esa terrible palabra: «Paul». «Ese no es el nombre de mi ángel de la guarda; no puede llamarse Paul», concluyó, con voz firme.

Debbie reveló que a lo largo de esos años en los que decidió no hablar con su AG, las librerías se llenaron de libros sobre «Paul», conoció a muchos hombres llamados Paul y solía ver a personajes llamados Paul en la televisión. Estaba rodeada de ese nombre. Por tanto, se sintió muy decepcionada por no haber podido obtener todavía el verdadero nombre de su ángel de la guarda y, a cambio, haber recibido ese nombre que tanto la perseguía. Debbie se acercó a mí con los ojos llenos de lágrimas, cargada de esperanza, y me pidió: «Por favor, pregúntale a mi ángel de la guarda cuál es su verdadero nombre». Para su sorpresa, yo ya lo había hecho. Le expliqué que ya le había pedido a su ángel de la guarda que me dijera su nombre. Debbie me suplicó: «Por favor, dímelo». Me incliné hacia y, con todo el amor que pude, le respondí: «Dice que se llama Paul».

Toda la clase se reclinó sobre su asiento, asintiendo con la cabeza, pero ella pensó que había perdido toda esperanza. Le expuse: «Ese es su nombre, ya te lo había dicho él». Entonces, Debbie me explicó que ese no era el nombre de su ángel de la guarda, que quería a un ángel femenino y que ese nombre no era correcto. Pero lo más asombroso de todo fue que ella confiaba lo suficiente en mí como para considerar la posibilidad de que fuera correcto que su ángel de la guarda tuviera una esencia masculina y que su nombre fuera Paul. Le pedí que utilizara el nombre y comprobara qué ocurría en la siguiente ocasión en la que se comunicara con él. Probablemente habría una razón sorprendente para que se llamara Paul y podría descubrir cuál era el motivo de que así fuera. Debbie siguió hablando con él y descubrió que se trataba de un ser afectuoso, paciente y que le daba fantásticos consejos. Le indicó que había elegido ese nombre por muchas razones y una de ellas era para que superara sus ideas preconcebidas sobre los ángeles. Su AG le comentó que el nombre de Paul expresaba el espíritu valiente y pionero que ella tenía. Trató de transmitirle ese mensaje enviándole a sus Paul a cada momento, con la esperanza de que algún día aceptara su nombre y estableciera una comunicación con él. Se sentía muy feliz de que, finalmente, Debbie hubiera renunciado en parte a sus juicios preconcebidos sobre ese nombre y hubiera aceptado a un AG cuya energía era más masculina y que tenía muchos dones que aportarle. Su ángel siguió explicándole el papel tan importante que debía representar en su vida. Ella aceptó poco a poco la idea de que se llamara «Paul», pero hacia el final de la clase, volvió a preguntarme tímidamente: «¿Cuál es el nombre de mi ángel de la guarda?». Le dije con gran afecto y firmeza: «Se llama Paul». Ella se volvió hacia la clase, tratando de encontrar una confirmación en los demás, y yo les pregunté: «¿Cómo se llama el ángel de la guarda de Debbie?». Y se oyó una voz a coro, «¡PAUL!», que salió al instante de la boca de todos los presentes, sin que mostraran el menor asomo de duda. A Debbie le sacudió de pies a cabeza que todos los demás presentes supieran y aceptaran su nombre. Comenzó a llorar de alegría cuando finalmente aceptó sin reservas el nombre de su ángel de la guarda.

Los ángeles de la guarda hacen las cosas a su manera; no siguen nuestras reglas simplemente porque queramos que así lo hagan. Recuerda que se les ha encomendado cumplir con la voluntad Divina, no con la nuestra. ¡Les damos las gracias por ello! Si hicieran nuestra voluntad, como si se tratara de mozos de hotel cósmicos, nos encontraríamos con muchos problemas. He estado delante de un público numeroso y he visto cómo se comportan esos ángeles. Las luces se apagan, la música se detiene a media canción, el micrófono no funciona. Yo les pregunto: «Muy bien, ¿qué significa esto?» y suelo escuchar: «Ha llegado la hora de que dejes de hablar y nos permitas comunicarnos con las personas que se han congregado». Por tanto, me paseo entre el público, hablando con los ángeles de la guarda de la gente que se encuentra presente.

Algunas personas exigen que su ángel de la guarda se muestre bajo la apariencia de un cuerpo físico. Han suplicado, rogado, ingerido alimentos orgánicos, ayunado, purificado y meditado durante horas, tratando de conseguir que su ángel de la guarda se aparezca en una forma física para así poder creer en él. Es una lástima que se hayan esforzado tanto y que no hayan obtenido resultados. Tenemos que cambiar y abrir nuestra manera de recibir sus mensajes. No podemos desear que hagan las cosas a nuestra manera para creer en ellos. Los ángeles de la guarda nos responden de forma inmediata, pero normalmente lo hacen de un modo distinto al que esperamos. Utilizan nuestro sentido sutil, las coincidencias y las sincronicidades para comunicarse con nosotros. Es como si los occidentales visitaran un país asiático, donde los utensilios para comer son los palillos, e insistieran en que los demás comieran con tenedores porque es así como lo hacen ellos. No es así como debemos actuar, sino que hemos de dejar que nos enseñen una manera diferente de comer. Esto hace que, ante nuestros ojos, se abran nuevas vistas y aventuras. Estamos abiertos a que nos enseñen una habilidad nueva en nuestra vida. Y si un día nos encontramos en mitad de la selva y nos hemos olvidado de llevar nuestra cubertería, podemos cortar dos ramas pequeñas, fabricar unos palillos y comer, porque hemos adquirido esa habilidad. No sé si se trata de una analogía perfecta, pero ese es el ejemplo que me han dado los ángeles.

Los ángeles de la guarda quieren que desarrollemos nuestra capacidad de comunicación; no se limitan a aparecer en cuerpo para llevarnos a un café y hablar. Pero ahora que ya has contactado y hablado con tu ángel de la guarda, tienes una manera más amplia de comunicarte con él. Posees un conocimiento. Un conocimiento interior profundo. Ellos seguirán usando las coincidencias y las sincronicidades, pero ahora ya estás preparado para usar tus nuevos y perfeccionados conocimientos intuitivos. ¿Por qué resulta tan difícil para nuestra mente consciente comprender a nuestro AG y comunicarse con él? Se debe a que nuestra mente consciente se encuentra en el plano físico denso; sabe cómo elaborar la lista de la compra, realizar una tarea, programar una alarma que nos permita llegar a tiempo, pagar cuando echamos gasolina y realizar las tareas del día a día. Pero para hablar con los ángeles, la mente consciente no tiene esa capacidad. La lógica física no es como la lógica espiritual. Los seres celestiales tienen una manera distinta y fluida de hacer las cosas. Si tratamos de escuchar sus consejos con nuestros sentidos físicos y comprenderlos con nuestra mente consciente, no va a funcionar. En su lugar, debemos sintonizar nuestros sentidos sutiles para recibir el mensaje. Nuestra mente consciente está tan ocupada tratando de descubrir qué trata de decirnos nuestro ángel de la guarda que se olvida de preguntarle a la intuición qué está percibiendo. El crítico interior de nuestra mente consciente afirma: «Bah, eso no puede ser, la gente pensará que me he vuelto loco si hago eso. ¡Esto es estúpido!». Y, mientras nuestro crítico interior nos grita, rechazamos las respuestas angelicales intuitivas que hemos obtenido, preguntándonos por qué no vienen a dárnoslas en persona. Parece que nadie responde a nuestras plegarias. Pero estamos aprendiendo a confiar en nuestra intuición y a mantener comunicaciones angelicales a través de nuestros sentidos sutiles. Sigue practicando, ya que cada vez te resultará más sencillo.

Lo que pienso y lo que percibo

Rachel era una clienta muy intuitiva; su intuición era mucho más avanzada que su intelecto. No es que no fuera lista, que lo era, pero su intuición estaba increíblemente desarrollada. Sin embargo, Rachel no confiaba en su intuición, así que su ángel de la guarda le sugirió que confiara más en su naturaleza intuitiva. También la animó a que, cuando se viera obligada a tomar decisiones, se planteara a sí misma dos preguntas: «¿Qué pienso acerca de esto?» y «¿Qué me dicen mis sensaciones acerca de esto?». En ese orden. Primero debía preguntar a la mente consciente y luego abrirse a todo lo intuitivo.

El AG de Rachel también le sugirió que hablara de ello con Lisa, su compañera de trabajo, que se encontraba en la sala de espera. Lisa solía acudir a Rachel en busca de consejos acerca de sus problemas familiares. El AG le pidió a Lisa que hiciera esas mismas dos preguntas a su amiga: «¿Qué piensas? ¿Qué sensaciones tienes?». Lisa estaba muy ilusionada por seguir recibiendo mensajes a través de Rachel y, al mismo tiempo, por poder ayudarla a desarrollar confianza en sus cualidades sensitivas.

El ángel de la guarda de Rachel comenzó a dar consejos sobre la posibilidad de emprender viajes dejando que su intuición la guiara. Esa podría ser una manera divertida de confiar en su guía interior. Rachel afirmó que los fines de semana se permitía el lujo de deambular por la casa sin pensar en nada, pasando de un proyecto a otro según se lo dictara su ánimo. El ángel concluyó: «Exactamente, eso es lo que quiero que hagas. Y cuanto más lo hagas, más aumentará tu conexión espiritual».

En qué lugar se encuentran dentro de nuestro campo de energía

Cuando le pides a tu ángel de la guarda que te toque de una manera que resulte significativa para él, probablemente habrás advertido que su presencia deambula por cierta área de tu campo de energía. Puedes percibir dónde se «encuentra»: detrás, por encima o alrededor de ti. Amy sentía la presencia de una energía masculina en el lado derecho de su cuerpo. Era lo que yo llamo un ángel de la guarda «compañero», que siempre se encuentra presente cuando tomamos decisiones en el plano físico y es un acompañante que está próximo a nosotros. Este ángel se mostraba siempre en el mismo lugar cada vez que lo veía. Amy estaba encantada de contar a su lado con una presencia así.

En otro caso, he visto que el AG se movía constantemente detrás de la persona que se hallaba a su cargo, dentro de su campo de energía. Mi clienta tampoco podía permanecer quieta; era tremendamente inquieta y creativa. Resultó que la tarea de su ángel de la guarda consistía en mantener y enviar energía creativa. También observé que a este AG le gustaba mucho cambiar de peinado, su color y su forma. Normalmente, llevaba el pelo de punta y estaba teñido con los colores del arco iris. Mi clienta también solía cambiar a menudo el peinado y el color. Para mi ella, fue una fantástica noticia que su ángel de la guarda la apremiara de manera intuitiva para que cambiara el aspecto de su cabello con el fin de mantener fresca su creatividad. Cada vez que lo hacía, eso influía en su chakra corona (que se encuentra encima de la cabeza) y su sentido de la innovación se desarrollaba. A algunas personas, dar un paseo por el campo les purifica la energía; esta mujer necesitaba cambiar de peinado para mantenerse inspirada.

Además vi que a su ángel de la guarda le encantaba pintar paredes, cubrir grandes espacios con amplias pinceladas de colores brillantes, casi de neón. Su AG también advirtió que si contenía durante demasiado tiempo su energía negativa y no creaba algo, acabaría explotando como un volcán, arrojando magma incandescente en forma de un carácter temperamental. Esta espoleta se reducía si se permitía «pintar las paredes», de igual manera que algunas personas necesitan «pintar la ciudad» para aliviar el estrés. Mi clienta declaró que sabía exactamente de qué estaba hablando y eso le hizo comprender por qué algunas veces perdía los estribos ante la más mínima adversidad.

Si eres capaz de percibir dónde se encuentra tu ángel de la guarda y qué está haciendo dentro de tu campo de energía, eso te dará una mayor conciencia sobre la ayuda que te está prestando.

El cabello de los ángeles

Aunque los ángeles nunca han sido humanos, pueden presentarse de esta forma para que así podamos relacionarnos mejor con ellos. También nos muestran rasgos corporales parecidos a los de los seres humanos que han tenido algún significado importante para ellos. Uno de estos rasgos característicos que encuentro más fascinante es su cabello. Al parecer, los ángeles de la guarda utilizan el cabello a modo de símbolo, tanto por lo que se refiere al color como al estilo que eligen.

Según parece, los ángeles rubios poseen una energía y una luz más refinadas, voces más suaves y la ropa más suelta. Posiblemente, muchos sean ángeles de la guarda de seres humanos que pertenecen al mundo de la belleza o de las artes curativas. Estos ángeles femeninos son encantadores y presentan el aspecto de los ángeles clásicos que aparecen representados en las pinturas del pasado.

Según mi propia experiencia, cuanto más femenino sea el ángel, más difícil resulta «escucharlo». Pueden hablar con susurros, como si sus palabras fueran una dulce brisa, y suelen utilizar formas sutiles para comunicarse, empleando un aspecto físico, un gesto, una danza, imágenes o palabras dulces. Suelo explicarles a las personas a las que están encomendados que, para poder aumentar su capacidad de escuchar a esos silenciosos ángeles, necesitan encontrarse en el estado mental y en el entorno más femenino posible. Los seres humanos que se rodean frecuentemente de velas, de baños frecuentes, de aromas, de masajes, de flores y de tejidos suaves por regla general son muy intuitivos en su relación con el mundo y suelen ser sensitivos con la energía.

Cuando le dije a Julie que su AG rubio quería que se tiñera el cabello de un color más claro, ella asintió con la cabeza como si aquello tuviera sentido y confesó: «Ayer mismo estaba pensando en teñirme el cabello de un color claro». Su ángel explicó que eso «elevaría» la energía de Julie y su forma de existir en el mundo. También afirmó que le ayudaría a conectar con su luz.

El cabello moreno parece simbolizar enraizamiento y una conexión con la Tierra. Estos ángeles son sólidos en el plano físico, y la mayoría de las personas que se encuentran a su cargo se las arreglan bien con su trabajo, tienen mucho sentido común y son muy realistas. Algunas veces estos ángeles de la guarda ayudan a sus seres humanos a anclar las verdades espirituales en el plano físico. La manifestación es más sencilla para ellos. Las personas a su cargo son capaces de manifestar dinero, negocios, orden, amistades, amor y cualquier otra cosa que se encuentre en su pensamiento y en sus intenciones. Como ya sabemos, los pensamientos son cosas y contienen mucha energía creativa. Los ángeles de cabello moreno tienen poder para convertir, junto a los seres humanos, las ideas en formas.

Los ángeles de cabello canoso suelen mostrarme lo sabios que son y resultan de gran ayuda con sus consejos y su madurez. Muchas veces, las personas que cuentan con ese tipo de ángeles de la guarda son consejeras o aportan sabiduría al mundo que las rodea. Una mujer tenía un AG de cabello canoso y él le explicó que cuando fuera más anciana, cuando conociera su misión en esta vida, finalmente descubriría cuál era su pasión y su vida despegaría.

Los ángeles pelirrojos son muy fieros. Representan la acción y la pasión, y normalmente los seres humanos que están a su cargo provocaron algún tipo de daño en el pasado cuando trataron de descubrir cómo poder controlar esta energía al rojo vivo. Los seres humanos que tienen un AG pelirrojo acaban todo lo que empiezan, pero pueden quemar muchos puentes a su paso. Por regla general, esta experimentación con un poder tan indomable se produce durante los primeros años de su vida y, cuando son adultas, estas personas pueden controlar su naturaleza apasionada de un modo que resulte útil y no perjudique a nadie. Muchos de ellos incluso hablan de la temperatura tan caliente que tienen en comparación con sus semejantes.

Siempre existen excepciones, y a los ángeles les gusta mucho vivir en el mundo de las singularidades. Pero si prestas atención cuando veas el color del cabello de tu AG, ese dato puede resultar muy revelador y sabrás cómo es la energía que posee. Recuerda que los debes sonsacar y escuchar las razones que explican por qué han elegido el color y el estilo de su cabello.

¿Qué sucede cuando se aparecen los guías espirituales y los antepasados?

Algunas veces, durante una lectura, se puede aparecer un ser amado fallecido o un guía espiritual. Esto se debe a que, durante la oración de apertura de cada lectura, se invoca la presencia del ángel de la guarda de esa persona, pero también se invita a cualquier ser de luz que pueda aportar lo mejor para dicha persona o que se encuentre en sintonía con la Divinidad. Esto hace que exista un fácil acceso a cualquier ser amoroso que esté enormemente ansioso por hablar con ella. Si aparece un ser querido fallecido y quiere hablar, se lo comunicaré a mi cliente y le preguntaré si está abierto para recibir su mensaje. Cuando un ser querido fallecido se muestra, esa experiencia puede resultar extraordinariamente reconfortante.

También hay ocasiones en las que veo a toda una familia o a un linaje patriarcal o matriarcal. Durante una lectura, apareció toda una hilera de mujeres judías que seguidamente se difuminó detrás de mi clienta hasta ascender al cielo. El mensaje que le transmitieron era que la estaban ayudando. Fue muy reconfortante para mi clienta saber que contaba con el apoyo de todo ese linaje matriarcal.

A un hombre llamado Tony se le aparecieron varios miembros de la realeza española. Todos ellos estaban vestidos de manera extraordinariamente elegante. Se trataba de una familia real española muy orgullosa, y aquel hombre era su descendiente. Mi cliente se sentía intrigado y anotó hasta la última palabra que le dijeron. Dibujé los trajes para que aquel hombre tuviera una referencia. Afirmaron que mi cliente no los conocía y que llegaron durante la lectura de su ángel para hacerle saber sus raíces reales.

Las mujeres con las que Tony había mantenido una relación y con las que había vivido afirmaron que aquel hombre era todo un líder, casi como un gobernante benévolo. Era una persona amable y justa en su trato con sus semejantes, y caminaba con cierto aire de dignidad y ceremonia. Cuando le describí los colores y los tejidos de los trajes, afirmó que a él también le gustaba el terciopelo, el oro y los colores castaño que llevaban. Se echó a reír cuando me confesó que las cortinas y los muebles de su casa eran exactamente tal y como los había descrito. Le gustaba mucho

Nueva Orleans y los bordados recargados. Después de que se presentaran y le transmitieran su mensaje, me dejaron hablar con su ángel de la guarda.

No debes tener miedo si alguien que no es tu ángel de la guarda aparece durante unos instantes. Normalmente esos seres tienen cosas importantes que decirte, y aprovechan que estás conectado. Por tanto, debes ser amable y hacerles muchas preguntas, ya que podrían revelar algo que puede resultarte de mucha utilidad en el futuro.

Mandy

Mandy es un ángel de la guarda de cabello oscuro. Es un ser muy activo, le gusta mucho el bosque y se aparece físicamente en un sendero que se abre entre la arboleda, luciendo su cabello negro y suelto. Va vestida con un chaleco de color caqui con muchos bolsillos, como si fuera una experimentada senderista que estuviera preparada para disfrutar de una aventura en plena naturaleza. En cuanto me ve, afirma que está lista para ponerse en marcha. Porta un bastón para caminar, lleva unos pantalones cortos semejantes a los que usan los líderes de las *girl-scouts* y botas de montaña rematadas con calcetines de color oscuro. ¿Te das cuenta de lo que quiero decir cuando hablo de los ángeles de cabello oscuro? Son seres muy claros en su comunicación. Mandy va siempre al grano y es capaz de recitar los nombres de todas las plantas que hay en el bosque. Es una ávida campista y senderista; además, se conoce todos los senderos y las técnicas de seguridad que se deben aplicar en el bosque. No vive en el campo, pero acude a él a menudo. Todo esto me lo describió cuando estuve hablando con la persona que se encuentra a su cargo, mi clienta Linda.

Le pregunté a Linda a qué se dedicaba para necesitar a esta guía senderista. Me contesto que era botánica y que disfrutaba mucho de la naturaleza. Linda tenía un aspecto distinto al de su ángel de la guarda, por supuesto, pero daba la impresión de que serían buenas amigas si su ángel fuera humano. Su AG era su guía de campo en esta vida. Linda también afirmó que nunca se sentía sola en el bosque y muchas veces percibía una presencia que la animaba a explorar nuevos caminos con el fin de encontrar plantas diferentes.

Mandy siempre estaba en movimiento, y Linda me confesó que tenía mucha energía y no paraba de hacer cosas. Ella también practicaba el senderismo en su tiempo libre. Mi clienta tenía una pregunta específica que quería plantearle a su ángel de la guarda: ¿en qué parte de los Estados Unidos creía que debería vivir? Ella no estaba muy feliz con la vida que llevaba en la ciudad. Su ángel le dio muchas sugerencias y muchos consejos acerca de las zonas que podía visitar para que viera qué «sensaciones» le transmitían. Mandy también tenía instrucciones y le pidió que limitara las pertenencias que debería llevarse consigo durante la mudanza, para que así no se sintiera obstaculizada, como si tuviera que cargar con una mochila demasiado pesada. Este ángel representaba a un ángel típico de cabello oscuro, concentrado en la Tierra y en los asuntos de la vida humana, y se comunicaba con Linda de manera clara y directa.

Rojo

Cuando me preguntaron por el nombre de un ángel de la guarda, este me enseñó una hoguera enorme y brillante de color naranja, amarillo y rojo. Había mucha energía y pasión en este ángel de la guarda. Una vez más, le pregunté su nombre y él me mostró el fuego y me dijo «Rojo». Cuando le conté a mi clienta que el nombre de su ángel de la guarda era Rojo, se mostró muy sorprendida y emocionada por tener un nombre tan sencillo. Le describí el fuego que su ángel me mostró y le di la explicación del fuego y del nombre «Rojo». Rojo me explicó que su energía de fuego era una energía apasionada y que ella (la persona que se encontraba a su cargo) sería capaz de quemar todos los problemas, los obstáculos y las lecciones, ya que se trataba de una alumna que aprendía rápido. Mi clienta afirmó que eso era cierto. Poseía mucha energía y daba la sensación de que le resultaba más fácil resolver los problemas que a la mayoría de la gente. Solía encontrar la solución sin esfuerzo y salir adelante con ella.

Aquella mujer también me explicó que era pelirroja natural y que la llamaban «Roja» hasta que fue adulta. Como su cabello se fue oscureciendo con la edad, ahora se lo había vuelto a teñir de esa tonalidad. Se sentía mejor cuando llevaba el cabello de color rojo cobrizo. Mi clienta también confesó que siempre era muy apasionada y su AG comentó que eso se debía a que hablaba a menudo con ella. La mujer sonrió y repuso: «Eso es cierto. Incluso cuando era niña, siempre he hablado con mi ángel de la guarda, sin saber realmente si existía».

A medida que seguía hablando con Rojo, me fui dando cuenta de que el ángel comenzaba a mutarse en una forma femenina y que su cabello era del color del fuego. Rojo comenzó a explicar que la mujer que se encontraba a su cargo estaba encendida por el amor que sentía hacia Dios. Esta pasión era muy poderosa y le permitía curar a los más enfermos. Mi clienta siguió confesándome que trabajaba como consejera con personas muy problemáticas, pero que nunca se sintió consumida por su trabajo. Rojo tenía muchos consejos prácticos que darle y, después de la lectura, tuve que abrir la puerta y dejar que la habitación se refrescara.

Tu ángel no tendrá el aspecto que tú piensas

No todos los ángeles de la guarda son afectuosos y dulces como la miel. Algunos son ásperos y bruscos, dependiendo de cómo estén ayudando a las personas que se encuentran a su cargo. He visto a un AG femenino, de mediana edad, que lucía un cabello rubio platino enmarañado con raíces negras y un cigarrillo colgando de sus labios, sentada en la barra de un bar. El mensaje que quería transmitirle a la persona que se encontraba a su cargo no era que se emborrachara en un sórdido bar, sino que su ángel tenía mucha experiencia y sabiduría. Esa mujer necesitaba a un ángel de la guarda como ese. Trabajaba en una empresa de transportes y los hombres se sentían cómodos con su insolente sinceridad. Era muy querida y ayudaba a muchas personas que llevaban una vida difícil. Los hombres siempre acudían a ella en busca de consejos sobre la relación que mantenían con sus esposas y sus novias. Siempre les decía la verdad acerca de las mujeres y les pedía que fueran más amables con ellas.

Otro ángel de la guarda me explicó que la persona que se encontraba a su cargo llevaba una vida envuelta en el alcohol y el tabaco. La mujer asintió dócilmente y su ángel de la guarda me explicó que debía utilizar todas esas experiencias para prestarle un servicio importante a mucha gente con la que ella hablaba. En la actualidad, es consejera de personas adictas al alcohol y a las drogas, y lleva varios años sin beber.

Sea cual sea el aspecto de tu AG, has de sentirte orgulloso de él, ya que está trabajando para ti de muchas maneras que te sorprenderán y te ayudarán. Pero no debes extrañarte si presenta la apariencia de un policía o de un viejo lobo de mar.

El tamaño importa: más servicio

En una feria psíquica, Eileen vino tímidamente y se sentó en mi mesa. Me indicó que nunca había hecho antes este tipo de cosas, pero que ese día se había acercado con su nieta. Aquella anciana quería aprender más detalles acerca de la vida espiritual de su nieta, por lo que vino con la intención de compartir juntas su experiencia. Mientras repasaba con su nieta una lista de lecturas (tarot, lecturas de mano, bolas de cristal, cartas del destino, etc.), advirtió que yo hacía lecturas de ángeles. Ella y su nieta decidieron que no podían equivocarse con los ángeles. Al menos, parecían resultar menos amenazadores y yo tenía un aspecto dulce, así que me escogió para introducirse en ese mundo. La propietaria de la enorme tienda metafísica donde se estaba celebrando la feria psíquica me conocía y le aseguró que yo era una buena primera elección y que sería amable con ella.

Después de que me contara todo eso, le describí a Eileen de manera amable y afectuosa lo que íbamos a hacer. Le expliqué que comenzaríamos pronunciando una oración y que la recitaríamos en voz alta para que ella supiera lo que estaba diciendo. A continuación, preguntaría si podríamos hablar con su ángel de la guarda y le pediríamos que nos transmitiera un mensaje. Todo aquello le pareció muy bien. Seguí explicándole que era clarividente y que le relataría todo lo que escuchara y viera de su ángel de la guarda. Si lo que le iba a contar tenía sentido para ella, perfecto, pero si no fuera así, podría decírmelo y yo le pediría a su ángel de la guarda que me lo aclarara. A aquella anciana le gustó que le explicara todo el proceso, ya que eso le permitía tener cierto control de la situación. También le indiqué que podía plantear preguntas en cualquier momento. Si no tenía preguntas, yo podría seguir interrogando a su ángel sobre las distintas áreas de su vida.

Eileen estuvo de acuerdo y comencé la sesión con una oración. Después de pronunciar la oración de purificación, bendición, protección y apertura, le pedí a su ángel de la guarda que se manifestara y que me hablara alto y claro. Cuando abrí los ojos, mi mirada fue ascendiendo cada vez más. ¡Vi un montón de filas de ángeles! Todos ellos llenaban el área que se extendía a espaldas de Eileen Eran enormes, blancos, altos y hermosos, y se encontraban de pie, rodeando a aquella anciana tan frágil. Contemplé a esos ángeles imponentes como rascacielos que se elevaban por encima de ella, haciendo que pareciera todavía más menuda. ¡Oh, Dios mío, mirad esos ángeles! Le conté que había una multitud de ángeles a su alrededor. Le dije que seguramente pensaría que eso se lo decía a todos los que pasaban por allí pero, para ser sinceros, nunca había visto tantos ángeles y tan grandes alrededor de una persona.

Tuve que preguntarle qué tipo de actividades realizaba habitualmente, pensando: «Esta anciana debe de hacer cosas muy grandes». Ella me contó que cocinaba un poco, que hacía ganchillo y que cuidaba de sus nietos, de sus hijos y de sus hijas. Parecía llevar la vida normal de una abuela. No, aquello no podía hacer que se congregaran allí esos ángeles tan grandes. Así que, a continuación, le planteé la pregunta adecuada: «¿Sueles rezar?».

«Oh, sí, claro que rezo», me explicó encantada. «Todas las noches veo las noticias antes de irme a la cama. Luego, apago el televisor y rezo durante aproximadamente media hora por todas las personas que he visto esa noche en la televisión». Aquella anciana prestaba un servicio extraordinario a los más necesitados y los ángeles habían escuchado sus plegarias.

La miré detenidamente y observé a aquellos ángeles resplandecientes que había a sus espaldas y que no paraban de sonreír y de asentir con la cabeza. Me incliné hacia delante y le pregunté a Eileen: «¿Rezarías por mí?». Seguidamente, continuamos con su lectura, que fue muy fácil de escuchar, ya que procedía de unas voces tan magníficas como las de aquellos ángeles.

La gente a menudo me pregunta: «¿Cómo puedo invocar a más ángeles?». Yo les respondo que deben prestar más servicio a los demás, y ellos aparecerán.

Dos ángeles de la guarda

Ralph, pastor protestante, tenía dos ángeles de la guarda. Uno de ellos era una energía masculina vociferante que hablaba en voz alta. Era fuerte y claro. El otro era un ángel dulce y femenino. Comprendí perfectamente la presencia del ángel vociferante, ya que aquel hombre era un predicador fuerte, divertido y apasionado. En su trabajo, se mostraba tan grande y fuerte como su ángel. Pero la presencia del ángel femenino y pequeño me desconcertó un poco. Le pregunté por qué se encontraba con él y me explicó que estaba trabajando a su lado para que pudiera llevar a cabo su trabajo de curación. Resultó que aquel pastor protestante se estaba preparando para ser sanador espiritual. Estaba profundizando en sus sentidos intuitivos, para permitir que la energía sanadora de la Divinidad penetrara en él y saliera a través de sus manos. Le hablé de este ángel y le expliqué por qué se encontraba a su lado. El pastor se sonrojó, ya que no le había comentado a nadie que era sanador y ahora veía que el ángel le había delatado. Su ángel femenino comenzó a darle todo tipo de consejos sobre cómo poder incrementar su trabajo de sanación.

¡Qué pastor más enérgico, contundente en sus palabras y dulce en su curación!. Ralph poseía una hermosa combinación. Hizo amistad con su ángel femenino, de igual modo que confió en el ángel masculino fuerte y rotundo para convencer a su congregación y a todos los demás de que tuvieran fe. El nombre de su ángel masculino era Toro y el ángel femenino apuntó que se llamaba Violeta. Toro y Violeta, qué combinación más dulce: el pastor estaba encantado de poder afirmar ambas partes de su ministerio y de contar con el apoyo de esos ayudantes divinos.

Sauce

Un ángel me mostró una imagen de un árbol y me indicó que se llamaba Sauce, porque era flexible y elástico. Aquel era un rasgo que la mujer que se hallaba delante de mí había invocado para cumplir con la misión de su alma. La persona que se encontraba a cargo de Sauce resultó ser una bailarina de danza moderna, y la flexibilidad era una característica esencial para ella. Sauce también explicó que necesitaba ser elástica en todos los aspectos de su vida, para extenderse hacia las alturas y, al mismo tiempo, seguir con los pies en la Tierra.

La sabiduría de los ángeles de la guarda normalmente impregna a muchos niveles distintos. Aquella mujer afirmó que, gracias a su habilidad para moverse y desarrollarse, fue capaz de llegar más lejos en su carrera profesional que si hubiera permanecido en un solo lugar. También comentó que necesitaba ser flexible en sus relaciones. Se sintió muy feliz de haber conocido por fin a su ángel de la guarda, y le dio las gracias por haberla ayudado a alcanzar sus sueños y por haberle permitido disfrutar de una vida y de una carrera profesional ricas y satisfactorias.

Los ángeles de la guarda pueden concedernos una amplia variedad de dones y todos ellos son distintos entre sí. No dejo de sorprenderme cuando conozco a esos seres tan increíbles y afectuosos. Todos invocamos al ángel de la guarda que es perfecto para nosotros, sea cual sea la misión que se le ha encomendado a nuestra alma.

Pamela

Le pedí al ángel de la guarda de Gina que me transmitiera un mensaje. Inmediatamente, se me apareció un ángel femenino que, por su aspecto, parecía una bibliotecaria, y que se situó por encima y por detrás de la cabeza de Gina. Emergió bajo la apariencia de una persona de mediana edad, con gafas de montura negra, que se encontraba de pie, delante de una estantería llena de libros viejos encuadernados en piel que contenían todo el conocimiento ancestral. Este ángel de la guarda se presentaba como una bibliotecaria de mirada severa. Por su forma de comportarse, se podría decir que era muy eficiente en su trabajo. Tenía los ojos de un águila y, si hubiera trabajado en una biblioteca, habría dado la impresión de que era temida y respetada por los demás bibliotecarios. Era un ángel de la guarda que poseía una enorme sabiduría y no estaba dispuesto a compartirla con cualquiera, sino solo con sus mejores alumnos, como era el caso de Gina.

Gracias a este ángel de la guarda, Gina había alcanzado mucha sabiduría espiritual y enormes conocimientos, y había sido capaz de aplicar todo eso a su carrera profesional. Era una gran estudiosa de la vida y de los sabios de la Biblia. Su ángel de la guarda le proporcionó los recursos que le permitieran adquirir un amplio conocimiento, lo cual fue de gran ayuda. Gina también era profesora, escritora y predicadora. Se trataba de una persona muy organizada y perfeccionista, y su ángel de la guarda se sentía muy orgulloso de ella. Como siempre estaba dispuesto a ayudarla, ponía mucho empeño en cumplir su trabajo con Gina. Nunca era descuidada ni locuaz, y se tomaba muy en serio todas las preguntas que le hacía Gina acerca de su vida o de cualquier proyecto de investigación que tuviera entre manos; con gran cuidado, ofrecía las respuestas o proporcionaba los recursos para que la mujer que se encontraba a su cargo pudiera hallar las respuestas por sí misma.

Su ángel de la guarda me mostró la imagen de una autopista con ramales de salida y entrada. Afirmó que mientras Gina avanzaba por la autopista de la vida, le planteaba preguntas sobre situaciones, perspectivas, personas y la vida en general. Me indicó que Gina a menudo abandonaba la autopista por una de las salidas para estar con su ángel de la guarda, aunque no fuera consciente de ello, y él acostumbraba a proporcionarle un indicio de la información que buscaba, hablando con ella en un sueño o colocando un conocimiento inesperado en su camino. Una vez que aprendía de la situación o descubría una respuesta, solía regresar a la autopista y proseguir con su viaje. Entraba y salía con mucha facilidad.

Cuando le conté a Gina lo que había visto y oído, ella escuchaba y no paraba de asentir con la cabeza. «Siempre me cuestiono las cosas. Lo he hecho durante toda mi vida. Supongo que esto habrá vuelto loca a mi madre». Por esa razón invocaba a su ángel de la guarda, que aparecía bajo el aspecto de una bibliotecaria respetada e influyente.

El siguiente ángel me mostró a un anciano erudito ataviado con una toga y me explicó que aquel hombre era un filósofo procedente de la «vieja» escuela, de una escuela muy antigua. Los dos ángeles eran especialistas, pero solo el de apariencia de bibliotecaria era su ángel de la guarda. El que iba ataviado con una toga también se encontraba allí para ayudarla y formaba parte de la cuadrilla de ángeles de Gina. Mientras seguía describiéndole a la mujer todo lo que veía, las lágrimas comenzaron a inundar sus ojos: «Soy obispo, soy teóloga. Reflexiono profundamente sobre las verdades espirituales que encierran las antiguas escrituras y predico sobre ellas. Ese es mi trabajo y mi pasión».

Proseguí con la lectura y, finalmente, le pedí a su ángel de la guarda que me proporcionara un nombre que representara a su energía. El ángel me respondió: «Puede llamarme Pamela. Pam, para abreviar». Mi clienta se sintió emocionada por contar con un ángel tan cercano que poseyera tanta humildad y sabiduría.

Me encantaba hablar con Pamela; era un ángel claro y elocuente, y me di cuenta de que la comunicación que mantenía con Gina era abierta y fluida. Tranquilicé a Gina, asegurándole que estaba en contacto intuitivo con su ángel de la guarda. Aquel día, el ángel le ofreció muchas respuestas. Al final de la sesión, el ángel sonrió y le aseguró a Gina que la amaba. Aunque los ángeles de la guarda se tomen muy en serio su trabajo con nosotros, siempre se muestran amables y afectuosos.

El ángel enfermera

Una vez, tuve una clienta que padecía una enfermedad crónica. Se sentía tan débil que apenas pudo caminar hasta mi consulta. Todos sus ángeles presentaban el aspecto de una enfermera y le daban intensos masajes curativos. Mi clienta quería saber más detalles sobre otros asuntos de su vida, pero los ángeles no le dijeron una sola palabra de ellos. Querían que se concentrara en su curación. Su ángel de la guarda, particularmente, solía mostrarse inflexible: «Debes hacer lo que los médicos te ordenan y concentrarte en tu curación». Cayó en la cuenta de que no estaba siguiendo los consejos de su médico y de que estaba entorpeciendo su propia curación. Al final de la sesión, captó el mensaje: «Deja de pensar en otros asuntos y concéntrate en tu curación». Le indicaron que tratara de ver las ventajas que tenía su enfermedad y que se la tomara como una buena oportunidad para descansar y alimentarse. En aquel momento se hallaba inmersa en la misión de su alma, que consistía en aprender a relajarse y a curarse. Su ángel de la guarda no quería que se perdiera la exquisita experiencia que su estado físico le estaba ofreciendo.

Danny Kaye

El ángel de la guarda de Lynn se apareció ante ella cuando era una niña. Todos los días se presentaba al otro lado de la ventana de su habitación, apostado sobre el andamio de un empleado de la limpieza. Lynn decía que su ángel de la guarda presentaba el mismo aspecto que el actor Danny Kaye. Todas las mañanas, la despertaba el chirrido que producía el andamio cuando bajaba por el otro lado de su ventana, y ahí veía a Danny Kaye, afirmando que todo iba a salir bien. Lynn explicó que por las noches tenía pesadillas en las que aparecían personas con aspecto amenazador corriendo detrás de ella con la intención de atraparla. Sin embargo, cuando su familia se cambió de domicilio, nunca más volvió a tener pesadillas y Danny Kaye dejó de aparecerse por las mañanas.

Cuando era niña, ya sabía que él vendría para protegerla y para tranquilizarla después de la pesadilla que había sufrido durante la noche. Estaba convencida de que aquel era su ángel de la guarda y no pensaba que fuera en absoluto extraño encontrarlo al otro lado de su ventana para reconfortarla y dedicarle una sonrisa cada mañana.

El amigo imaginario de un niño algunas veces puede tratarse de su ángel de la guarda o de un espíritu amigo, que le ayuda durante algunos años. Los niños aceptan sin problemas este fenómeno, aunque al crecer lo desechamos, por lo que tenemos que regresar de nuevo a la inocencia para aceptar las experiencias que vivimos con nuestros ángeles de la guarda.

Empresarias despiadadas

Muchas veces suelo reunirme con mis clientes en el vestíbulo de un enorme hotel histórico, con vistas al puerto de esta hermosa ciudad de Florida. En él, las aves del paraíso crecen libres; las sillas son grandes, cómodas y están hechas con mimbre natural, y el amable personal que trabaja allí habitualmente nos sirve a mis clientes y a mí unos estupendos refrigerios. Los camareros me conocen y, después de servir las primeras bebidas, procuran no molestarnos durante la sesión. Siempre les dejo una generosa propina y ellos están acostumbrados a mis encuentros con mis clientes.

Jan, una nueva clienta, era mi última cita de aquel día. Todavía no había llegado, aunque ya habían pasado bastantes minutos de la hora que habíamos concertado para nuestro encuentro. Después de esperar durante quince minutos, me marché a casa, que se encontraba a tan solo unas manzanas de distancia, y la llamé por teléfono. Jan me indicó que me estaba esperando en el enorme vestíbulo. Le dije que llegaría en cinco minutos y le describí mi aspecto físico. Mientras me encontraba en casa, tuve el impulso intuitivo de cambiarme y ponerme un traje que tuviera un aspecto más empresarial, rematado con un abrigo. Así lo hice y regresé a celebrar aquel encuentro con mi nueva clienta.

En cuanto la vi, recordé que la había visto en el hotel, pero tenía un aspecto tan distante, que la confundí con una turista. Ella también me había visto a mí, pero como no iba vestida con «uniforme de psiquiatra», no reparamos la una en la otra.

Una amiga suya le había hablado de mí y se mostraba un tanto escéptica ante la posibilidad de celebrar una lectura con los ángeles, así que le describí con total claridad cómo funcionaba aquello. Para empezar, quise saber si tenía alguna pregunta que plantear, pero Jan afirmó que estaba abierta a cualquier información que pudiera proporcionarle su ángel de la guarda. Ella solo quería ver a dónde iba a llegar aquello.

Nada más comenzar la sesión, sentí un fuerte ángel con aspecto de empresario a la derecha de mi clienta. El ángel comenzó a hablarme del éxito empresarial y financiero de Jan, a quien le describí todo lo que su ángel de la guarda me había contado con la mayor cantidad de detalles que pude y ella lo anotó todo. Su ángel poseía mucha información sobre el rumbo que debían tomar sus negocios. Incluso le expliqué a Jan que era un tanto implacable. Mi clienta sonrió, ya que ella también lo era. A las dos nos gustó su ángel. Cuando terminamos la sesión, habían pasado más de noventa minutos.

Jan agradeció la sesión y, desde entonces, se ha convertido en una clienta habitual. Cuando me llama, sé que lo mejor es responder con un rápido encuentro ya que, de lo contrario, su ángel de la guarda se encargará de repasar mi calendario y todos mis planes se cancelarán misteriosamente hasta que hable con ella. Disfruto mucho trabajando con este ángel de la guarda y con Jan. Los dos forman un equipo muy dinámico en el mundo de los negocios.

Cuando los ángeles son tan fuertes y vociferantes, resulta sencillo hablar con ellos. Se muestran claros y directos. En ocasiones dicen cosas demasiado directas y tengo que pedirles que empleen otro medio para transmitir el mensaje exacto que me están confiando. Parecen comprenderlo y bajan un poco el tono.

Jan había invocado a este ángel despiadado para que le ayudara a acabar su trabajo. Este ángel de la guarda no estaba dispuesto a permitir que mi clienta se sentara y contemplara la vida pasar. Por el contrario, le estaba ayudando a acumular grandes logros en el mundo empresarial. Jan tenía muchas lecciones que aprender, así como mucho dinero que ganar. Ella sabía que quería conseguir muchos objetivos en la vida y le hacía mucha ilusión poder contar con un ángel de la guarda tan exigente.

Los ángeles de la guarda empresariales son mis favoritos a la hora de comunicarme. Hablan alto y claro, y siempre van al fondo del asunto. Se expresan de manera rápida y con enorme convicción. Normalmente ofrecen consejos prácticos y éticos, y están concentrados en el éxito de las personas que se encuentran a su cargo. Incluso dan consejos sobre cómo hallar el equilibrio entre un estilo de vida vertiginoso y la posibilidad de realizar actividades de ocio.

Distingo a los ángeles de la guarda empresariales con más claridad que a los otros ángeles, ya que normalmente van ataviados con el atuendo propio de los hombres de negocios. Cuando los veo tan uniformados, sé que mi cliente seguramente se trata de una persona de éxito y muy ocupada, que aunque no sabe que confía en su ángel, es evidente que recurre mucho a su sentido de la intuición. El trabajo que llevan a cabo los ángeles de la guarda es anónimo y nos permiten llevarnos todos los éxitos de su sabiduría y conocimiento. Juntos cocreamos esta vida y ambos, ángeles y humanos, somos un elemento importante en la manifestación.

El ángel neón

El ángel de la guarda más brillante que me he encontrado era tan resplandeciente que me habría quedado ciega si lo hubiera visto con los ojos físicos. Resultó sorprendente conectar con la energía de este cliente y ver una luz tan extraordinaria, enorme y brillante. Cuando vi la energía del ángel, mis ojos se dirigieron directamente al cielo y más allá de ese enorme e imponente ser de luz. Me di cuenta al instante de que aquel hombre estaba haciendo algo lo bastante notable, o lo iba a hacer en el futuro, como para haber atraído a ese ángel de la guarda.

La energía que giraba en torno a su ángel de la guarda también era eléctrica y tuve que concentrarme varias veces durante la lectura. Incluso me llegó a dar la sensación de que mi cabello estaba lleno de electricidad estática. Le hablé a mi cliente sobre su ángel de la guarda y traté de describírselo de la mejor manera posible. Hice hincapié en que nunca había visto a un ángel así y en que él debía saber que contaba con un ángel tan poderoso. Mi cliente se mostró tímido y mis palabras hicieron que se sintiera un tanto avergonzado.

Aquello también fue muy hermoso de ver, porque es mejor atemperar una luz tan divina con humildad.

Después de transmitirle el mensaje que me entregó su ángel de la guarda, le pregunté a qué se dedicaba y por qué necesitaba trabajar con una luz tan intensa. ¡Me explicó que dirigía su propio negocio, que fabricaba carteles de neón para empresas! ¡Me habló de que era un «trabajador de la luz»! Desempeñaba un gran trabajo y eso explicaba que tuviera que utilizar toda esa luz de su ángel de la guarda. No era nada extraño.

¡Me contó, embargado por la emoción, que hacía poco tuvo un encargo que consistía en un enorme ángel de neón!! Me dijo que aquella lectura le había dejado muy sorprendido y que me enseñaría una fotografía del ángel de neón poco después me mostró la fotografía y he de confesar que era magnífico; aquel hombre era un genio del cristal, del gas y de la luz. Su ángel de la guarda le aseguró que algún día sería capaz de curar con palos de luz hechos de cristales. Aquel hombre tenía un don para curar y contaba con la poderosa ayuda de los ángeles para llevar a cabo la misión que le habían encomendado en esta vida.

Ángeles de la guarda masculinos y humanos femeninos

Ann tenía a su lado a un fuerte ángel de la guarda de naturaleza masculina. Cuando le pregunté por qué se presentaba con apariencia masculina y qué significaba eso para ella, el ángel de la guarda respondió que la estaba protegiendo con su amor. Mi clienta también necesitaba que él ejerciera de traductor, ya que tenía un trabajo típicamente dominado por los hombres. Los ángeles de la guarda se encuentran aquí para asistirnos y harán todo lo que les permita su poder a fin de ayudarnos a conseguir lo mejor para nosotros.

Ann confesó que necesitaba imperiosamente a un AG masculino, ya que desarrollaba su carrera profesional en el mundo del transporte. Le conté que su ángel de la guarda era protector y ella se echó a reír abiertamente. Me comentó que, de vez en cuando, también podía sentir su presencia cuando tenía que acudir a una cita. Me explicó que era casi como si hubiera un amor fraternal alrededor de ella, aunque no tenía hermanos. Ann también me aseguró que era muy afortunada en el amor y que atraía a los hombres con facilidad. Ahora estaba felizmente casada con un hombre tan atractivo que no podía creer que estuviera con ella.

Ann estaba encantada de poder contar con semejante ángel de la guarda. Se habían producido una serie de situaciones y de casualidades que tenían mucho más sentido para ella, ahora que sabía de la existencia de su AG. Más tarde, después de que acabara la sesión, confesó que todos sus hijos habían nacido varones y a menudo rezaba para ser una buena madre para esos chicos. Ellos la tenían en un pedestal y la amaban profundamente. Apreciaban muchísimo su comprensión.

El AG de Ann poseía una sabiduría profunda y reconfortante que compartía con ella, lo cual le permitía ayudar a muchos hombres en su profesión, así como a los amigos de sus hijos. Los muchachos acudían a ella para que los aconsejara en sus relaciones con sus esposas o novias. Ann hacía que se sintieran bienvenidos y honrados por la manera en que los trataba, y se sentía muy agradecida por haber contado durante toda su vida con un ángel de la guarda.

Los ángeles de la guarda a menudo poseen una naturaleza masculina o femenina característica. Los nombres que eligen también son un indicativo de ello. De vez en cuando, me encuentro con un ángel andrógino, que no es marcadamente masculino ni femenino, y algunas veces incluso los géneros se han mezclado. Siempre hay una buena razón para ello.

El ángel roca

A Mary le costaba mucho hablar con su ángel de la guarda. Conseguía entablar cierta comunicación, pero era muy escasa, tal vez una o dos palabras como máximo. En estos casos, aunque son extraños, entro en contacto con la energía del ángel y le pido información para ver quién es y qué está sucediendo. Le pregunté a Mary si podía compartir con ella y con el grupo lo que había visto y escuchado acerca del ángel de la guarda. Yo sabía que sería bueno para su autoestima escuchar esa información acompañada de algunos amigos y familiares que se encontraban presentes. Ella aceptó mi propuesta, aunque tenía un poco de miedo de que les dijera que era estúpida o de que lo que el ángel me había transmitido fuera demasiado denso como para comprenderlo. Le aseguré que ese no era el caso.

Cuando entré en contacto con el AG de Mary, recibí el símbolo de un enorme peñasco que descansaba sobre el suelo. Le expliqué que su ángel de la guarda era como una roca. «Al igual que tú», añadí. Tú y él sois de ese tipo de personas en las que la gente puede confiar. El ángel siguió apuntando que Mary era «sólida como una roca» y que su ángel de la guarda también era la roca sobre la que podía apoyarse: una roca maciza. También le aseguró que siempre estará a su lado. Le expliqué a Mary que no era una persona activa y que le gustaba estar en casa o sentada en cualquier parte. Probablemente no iba a correr una maratón ni practicar activamente ningún deporte con la energía de su AG.

Su pareja estaba luchando para superar una enfermedad grave y no paraba de asentir con la cabeza. Finalmente, no pudo permanecer más tiempo con la boca cerrada e intervino: «Anoche le confesé que ella era mi roca». Mary se limitó a sonreír. Había pasado de sentirse mal por no ser capaz de escuchar adecuadamente a su ángel de la guarda a comprender y saber que su guardián angelical poseía una energía extraordinariamente sólida y fuerte.

El ángel Bozo

En uno de mis talleres, estaba presente una mujer que acababa de graduarse en el seminario. Declaró que tenía miedo de conocer el nombre de su ángel porque sabía demasiadas cosas acerca de la religión. Cuando llegó el momento de preguntar el nombre de su ángel de la guarda, este respondió que se llamaba Bozo. Ella se echó a reír con estrépito cuando escuchó ese nombre. Cuando le preguntó por qué se llamaba Bozo[1], el ángel simplemente declaró que cualquier otro nombre habría puesto en marcha los resortes de su mente y eso le hubiera permitido imaginar la historia y las raíces del ángel. Pero el nombre Bozo era divertido y no iba a activar su mente cultivada. Su ángel de la guarda tenía la sabiduría suficiente como para saber que la persona que se encontraba a su cargo rechazaría cualquier otro nombre. «Bozo es el nombre perfecto», declaró orgullosa.

Los ángeles de los transexuales

Muchas veces siento deseos de conocer a ángeles de la guarda de personas transexuales. Siempre he sentido curiosidad por ver si ellos también cambiaban cuando una persona pasaba de un género a otro. Cambiar de género es un acto muy heroico y valiente, y he tenido la bendición de conocer a algunos de esos valerosos humanos y a sus ángeles de la guarda. Conocí a Valerie y comencé a trabajar con ella hace ya muchos años. Nuestras conversaciones siempre se concentraban en el mundo de los negocios. Yo no tenía la menor idea de que quería cambiar su cuerpo para ajustarlo a su género interior masculino. Ni siquiera en las lecturas había el menor indicio de su deseo. Pasados unos

---

1. Bozo, un famoso payaso.

años, Valerie me contó que había tomado una decisión y me preguntó si su ángel de la guarda me había transmitido algún mensaje relacionado con ello. El mensaje que recibí era que la decisión era completamente suya. Su AG le daría su amor y su apoyo, fuera cual fuese su decisión. A las dos nos pareció curioso que ese fuera el mensaje.

Valerie comenzó a realizar todos los preparativos para cumplir el deseo que le dictaba su corazón. Durante su transición, seguimos celebrando lecturas cada pocos meses, pero siempre nos centramos en los negocios. Ella se sometió a una terapia de hormonas y cambió su forma de vestir con la intención de que encajara con su género interior. Ella/él estaba en el cielo, pero siguió sin recibir una sola palabra de su AG sobre ese tema, más allá de que le prestaba su amor y su apoyo. El ángel de la guarda se mostraba muy locuaz cuando hablaba de negocios, de tiempo libre y de la relación que mantenían, pero no comentaba nada acerca de su cambio de género. Aquello resultaba desconcertante, pero decidimos limitarnos a mantenernos abiertos, a permanecer en alerta y a escuchar.

Mi clienta iba a someterse a una operación para eliminar el pequeño tejido del pecho que le había quedado, ya que, para empezar, no era una mujer de grandes pechos y, además, la testosterona había hecho que disminuyesen. El comportamiento de su ángel de la guarda no había cambiado, pero vi cómo, poco a poco, iba apareciendo tenuemente un ángel masculino en el fondo. Aquel no era el ángel de la guarda principal y ella/él todavía tenía delante al AG femenino de siempre. Cuando el cuerpo de Valerie se volvió más masculino, decidió adoptar el nombre de Dirk.

Más tarde, Dirk se sometió a una histerectomía y, en aquella época, el ángel de la guarda de aspecto femenino cambió de posición respecto al AG masculino. Este ahora se encontraba delante del ángel de la guarda femenino, que pasó a ocupar un segundo plano. Le conté a Dirk que finalmente, tras esa última operación, el ángel de la guarda masculino había adoptado un papel más activo y el femenino se estaba difuminando ligeramente a sus espaldas.

Y, lo que resultaba más sorprendente, el ángel femenino se mostraba agresivo, dominante y valiente. El masculino, por su parte, era sofisticado, apuesto y no tenía la menor inclinación por los negocios que mostraba el otro. Era un ser encantador y social. Descubrí que, a medida que pasaba el tiempo, el sentido de los negocios de mi cliente fue cambiando. Dirk se mostraba más relajado y los negocios no tenían para él la misma importancia que antes. Había cambiado su energía, además de a su ángel más dominante.

A medida que ha ido pasando el tiempo, veo a Dirk como a un empresario más caritativo, y no como al magnate empresarial que era Valerie. A Dirk le gusta la ropa y los restaurantes elegantes; Valerie era un tiburón al que solo le importaba cerrar el próximo trato, aprovechándose de la vulnerabilidad del mercado. Dirk es un epicúreo; Valerie, un animal hambriento en busca de su presa financiera. Nada de esta nueva energía que él tiene se dio a conocer hasta que apareció su ángel de la guarda. Yo sabía que su energía había cambiado y que la vieja manera de hacer negocios no estaba funcionando. Necesitaba cambiar, acentuar la nueva energía y utilizarla para sacarle el máximo partido. Se convirtió en una persona más generosa y afectuosa, y empezó a participar en obras benéficas. Cuando Dirk se acostumbró a esta nueva energía y a esta nueva manera de hacer negocios, me di cuenta de que saber que se había producido un cambio en su ángel de la guarda le había ayudado a adoptar una nueva perspectiva.

Almas gemelas

Un cliente que tuve se sentía muy cómodo siendo dos personas distintas encerradas dentro del mismo cuerpo. Trabajaba con aspecto masculino durante el día y por la noche se vestía de mujer. Estaba muy elegante con su atuendo femenino y se sentía completamente realizado interiormente, tanto cuando se vestía de hombre como cuando lucía el aspecto de una mujer.

Cuando llegó a una lectura vestido de mujer, también supe de su identidad masculina. Sentí curiosidad sobre cómo sería el aspecto de su ángel de la guarda y estaba ansiosa por ver qué me iba a encontrar. Cuando entré en contacto con su ángel, me explicó que mi cliente tenía dos almas viviendo dentro del mismo cuerpo, una masculina y otra femenina, y que ambas, de hecho, estaban muy felices juntas. Cuando le hablé de ello, se echó a llorar porque se sentía exactamente así, aunque no lo había expresado con palabras. Su ángel de la guarda le había dado su visto bueno a su estilo de vida y amaba a su homólogo masculino.

Cuando le pedí a su ángel de la guarda de la parte masculina que diera un paso hacia delante, así lo hizo. Estos dos ángeles de la guarda intercambiaban sus posiciones a medida que la persona cambiaba de ropajes. Uno solía quedarse delante del otro.

Las personalidades de sus ángeles de la guarda también eran diferentes. El femenino era dulce y afectuoso, mientras que el masculino se mostraba agresivo y un poco malhumorado. Sin embargo, los dos se sentían felices de ser lo que eran. Vivían alegres, amándose mutuamente.

El AG comentó que si la parte femenina fuera más generosa con la masculina, eso ayudaría a su irritabilidad y también añadió que ella debería apaciguarlo, ya que él llevaba el peso de la vida laboral y ella el peso de la vida social. Él se sentía feliz quedándose en casa y no le gustaba mucho relacionarse, pero algunas veces la parte femenina tenía que quedarse en casa a su lado y darle las gracias por todo lo que estaba haciendo por ella, por el regalo de su trabajo y de su amor. Fue una sesión preciosa y me conmovió mucho hablar con ellos y ayudarles a aumentar su relación amorosa. Nunca olvidaré la ternura que demostraba el uno por el otro.

Respuestas físicas: la clarisencia

Los ángeles de la guarda utilizan principalmente nuestro conocimiento, nuestro oído y nuestra vista interior, pero también emplean nuestro cuerpo, o el sentido sutil de la clarisencia. Resulta algo engañoso porque, al igual que sucede con los sentidos intuitivos, pensamos que todo es obra de nuestra imaginación o, en este caso, que nuestro cuerpo está desequilibrado. Los sentidos de nuestro cuerpo sutil pueden recibir importantes mensajes angelicales. Todos hemos sentido cómo nuestro AG nos toca para hacernos saber que se encuentra próximo. A continuación, te mostraré algunos ejemplos de otras formas que adopta nuestro ángel de la guarda para entrar en contacto con nosotros.

Un ángel de la guarda hacía tiritar a Susan, la persona que se encontraba a su cargo, cada vez que estaba cerca de ella. Siempre que se presentaba, le recorría un escalofrío por toda la columna vertebral. Susan siempre se preguntaba qué era aquella sensación que le invadía antes de acudir a un taller. Varias veces, a lo largo de su vida, comentó que solía tiritar y que, sorprendentemente, aquello la reconfortaba.

Durante el taller, cuando Susan entró en contacto con su ángel de la guarda, comenzó a sentir de nuevo cómo un escalofrío le ascendía por la espalda y preguntó por qué su ángel era tan frío. Este respondió que lo hacía porque a ella le gustaban los climas cálidos y que casi nunca sentía frío. Susan respondió que eso era cierto, que normalmente tenía calor. Por tanto, su ángel deseaba que su firma fuera un fenómeno que sucediera con poca frecuencia, una sensación característica que emanara de él. Aquel era un frío muy agradable y afectuoso.

Cuando Susan le preguntó por su nombre, él simplemente respondió: «Chilly Willy». Susan le volvió a preguntar varias veces por su nombre, asegurándose de que le escuchaba correctamente, e incluso trató de engañar a su AG diciéndole el nombre de un ángel, como «Ariel o Miguel». Pero no, ella solo escuchaba «Chilly Willy». Sabía exactamente lo que su ángel de la guarda quería decir con ese nombre y se complació al escucharlo. Cada vez que sentía que un escalofrío le subía por la espalda, sabía que Chilly Willy le estaba dando su aprobación, su apoyo o, simplemente, su amor.

Me siento tan cansada…

Un ángel de la guarda no quería comunicarse conmigo. Y yo me sentía cada vez más y más cansada. Volví a pedirle al AG que me transmitiera un mensaje, pero seguí sintiéndome cada vez más agotada, hasta el punto de que solo quería acostarme y echarme a dormir. ¡Finalmente recibí un mensaje! El ángel de la guarda de mi cliente estaba utilizando mi clarisencia, demostrándome lo cansado que estaba el ser humano que se encontraba a su cargo. El mensaje que me transmitió era que deseaban que descansara y durmiera más. Mi clienta había estado luchando contra esa sensación de la misma manera que lo había hecho yo, y se obligaba a sí misma a permanecer levantada y a hacer las tareas que tenía pendientes. El mensaje que le transmitieron era que descansara y durmiera la mayor cantidad de tiempo posible.

Más tarde, mi clienta me explicó que había pasado por una época muy estresante de reestructuración en el trabajo y que se sentía muy cansada y consumida. Aunque estaba cobrando el subsidio de desempleo, todos los días sentía el impulso de levantarse y trabajar por la casa hasta que le invadió el agotamiento y llegó al punto de caer enferma. Su médico le prescribió que durmiera más horas, pero eso era algo que no se podía permitir a sí misma.

Su ángel siguió repitiendo el mensaje de que nada iba a cambiar hasta que les concediera a su cuerpo y a su alma el tiempo necesario para recuperarse de ese último capítulo de su vida. Se encontraba en una fase de transición y eso implicaba que debía tumbarse, leer un libro ameno (algo ligero y tal vez espiritual) y dormir, dormir y dormir. El ángel le aseguró que el final de aquella etapa estaba próximo, pero tendrían que pasar un par de meses antes de que llegara la nueva. Debía dedicar ese tiempo a dormir.

Ella finalmente captó el mensaje. Yo me sentía muy feliz, porque trataba por todos los medios de permanecer despierta mientras le transmitía aquel mensaje. Le confesé que si se sentía la mitad de cansada de lo que estaba yo, tenía una voluntad muy fuerte para levantarse por las mañanas y permanecer despierta el día entero. Ella sonrió, al ver que finalmente alguien la comprendía y sabía por lo que estaba pasando. Mi clienta captó el mensaje y aceptó los consejos que le dio su ángel de la guarda de concederse un descanso. Aquel día, me guiñó el ojo mientras salía de mi oficina, afirmando que se marcharía a casa, se metería en la cama y se echaría a dormir.

Smythe

Como habrás podido ver en estos ejemplos, los ángeles de la guarda poseen funciones o esencias que nos pueden ayudar. No todos ellos tienen por qué ser solo protectores. Por ello, creo que «ángeles personales» es un término más amplio para referirnos a estos seres de luz. Ellos están encomendados únicamente a nosotros, pero realizan diversas funciones, al igual que hacemos los seres humanos; si necesitamos un fontanero, no llamamos a nuestro profesor de la universidad, o necesitamos un dentista, no recurrimos a nuestro mejor amigo. Por tanto, cuando necesito una especialidad distinta a la que me ofrece el AG, él tiene acceso a miles de millones de ángeles más, que pueden permanecer junto a nosotros durante un tiempo. Nuestro ángel de la guarda actúa como el encargado de la cuadrilla de ángeles que nos rodean y su papel es parecido a la tarea que desempeña un director de orquesta. Nuestro AG puede invocar a cualquier ángel que posea la cualidad que precisamos en ese momento.

Si necesitamos curarnos, aparecerán ángeles sanadores. Si tenemos problemas financieros, se congregarán a nuestro alrededor nuestros ángeles del dinero. Nuestro ángel de la guarda supervisará nuestra energía y nuestra vida y, a continuación, invocará al ser que necesitamos para que nos ayude a mejorar nuestra situación. Sin embargo, debes recordar que no pueden interferir en nuestra vida, a menos que se lo pidamos. Ellos nos permiten disfrutar del libre albedrío para que tomemos nuestras propias decisiones y cometamos nuestros propios errores, ya que solo nos hacen sugerencias. Pero si precisas su ayuda, no tienes más que pedírsela y el alivio a tu problema ya estará en camino. Toda oración es respondida en el momento Divino oportuno (el momento que resulta más adecuado para todas las partes implicadas en lugar de tomar como referencia nuestro sentido limitado del tiempo, que normalmente suele ser AHORA). Por supuesto, los ángeles solo hacen lo que es mejor para ti y para los demás.

Las cualidades que tienen los ángeles van más allá de nuestra imaginación. Ellos poseen una serie de recursos que nosotros ni siquiera sabemos que necesitamos. Permanecerán a nuestro lado durante el tiempo que los requiramos y nos proporcionarán esa cualidad que precisamos hasta que hayamos aprendido a integrarla en nuestro propio campo de energía. Lo mejor de todo es que no es necesario que sepamos exactamente qué debemos pedir. Bastará con pronunciar un sencillo: «Por favor, ayudadme».

Cuando imparto un taller, acostumbro a realizar los ejercicios junto a los alumnos y también hablo con mi ángel de la guarda. Sin embargo, durante los últimos talleres, cuando pregunto por un nombre que represente la energía de mi ángel, suelo recibir el nombre de «Smythe»: «Como en Smytheeeeee», suelo escuchar (*smyth* = herrero). Sin embargo, sé que Smythe no es el nombre de mi AG, así que suelo volver a intentar recibir otro distinto. Pero siempre sigo recibiendo el nombre de Smythe. Muy bien, por alguna razón, debe de haber un nuevo ángel trabajando para mí.

En una ocasión, después de escuchar ese nombre, seguí adelante con la clase y, durante los ejercicios, analicé a este nuevo ángel y traté de averiguar la razón por la cual había venido. Tenía una presencia masculina y no parecía estar demasiado ilusionado, por lo que le pregunté a Smythe: «¿Por qué te llamas así?». Él me respondió: «Al igual que hace un herrero con el metal, nosotros estamos golpeándote y moldeándote para que adoptes una forma concreta». Ohhhhhh, pensé, eso tiene mucho sentido. Necesitaba muchos cambios en mi ser y había pedido por ello. Pero, entonces, me entró el pánico y pregunté: «¿Me va a doler?».

El ángel me respondió: «Algunas veces. Pero sabrás que es por una buena causa y que el resultado final va a merecer la pena». Oh, sí, aquello me mereció mucho la pena. Por tanto, ahora me gusta el nombre de Smythe y me alegro de que esté aquí, trabajando conmigo. A continuación le pedí que me transmitiera un mensaje que pudiera colgar en mi espejo, una afirmación breve que me ayudara en lo que estuviera haciendo ese día. El ángel me dijo: «Rema, rema, rema en tu barca…». He escuchado ese mensaje una y otra vez desde que llevo realizando este trabajo. Y sigo adelante; no dejo de remar en mi barca.

Este es Smythe. ¡Me alegro de tenerte a bordo! Luego le pregunté por qué no podía escribir este libro a la velocidad que me hubiera gustado. El ángel me respondió: «Todavía no posees toda la información; ya te llegará. Mientras escribes, se te irá mostrando. Irás conociendo más personas, más historias. Deja que vayan apareciendo y limítate a concentrarte en las historias. Escribe todas las que vayas recibiendo. Todas llegarán y escucharás más historias que te permitirán escribir un segundo libro. Solo limítate a plasmarlas en el papel».

Por tanto, sigo enseñando a aquellas personas que me preguntan cómo pueden comunicarse con su ángel de la guarda y ahora cuento con más historias para compartir en este libro. «Rema, rema, rema en tu barca».

Discutir con los ángeles

Muchas veces, cuando estamos conversando con nuestro ángel de la guarda, no nos gusta lo que nos dice y sentimos el impulso de rebatirlo. En ocasiones, la conversación es algo parecido a esto:

«No, el símbolo que representa tu energía no es esa línea blanca. Quiero algo que sea más sustancial».

«Otras personas tienen un ángel que posee un nombre auténtico. ¡¡¡No te puedes llamar Bertha!!!».

«Escucho lo mismo todo el tiempo. Por favor, dime una frase mejor».

Somos muy divertidos. Muchos pensamos que sabemos lo que los ángeles nos deben decir y es posible que tardemos un tiempo en aceptar plenamente toda la verdad acerca de ellos. Normalmente tenemos una idea preconcebida de lo que los ángeles nos van a transmitir y de lo que van a hacer, basándonos en los libros infantiles, en el arte y en ciertas ideas románticas. Sin embargo, ellos se comportarán de manera singular y distinta a lo que hemos pensado. Puede que nos resulte difícil aceptarlos tal y como son, en lugar de aferrarnos a nuestras viejas creencias.

Cuando no somos capaces de aceptar lo que nos están diciendo, se bloquea nuestra comunicación, como si estuviéramos discutiendo con nuestra pareja cada vez que abriera la boca: «No, el cielo hoy es azul, no es gris». Ellos nos hablan con total claridad, pero a veces no lo aceptamos ni queremos escucharlos. Si lo que nos dicen no encaja con nuestra forma de pensar, nos aferramos a nuestras ideas en lugar de aprender algo nuevo. Los ángeles de la guarda no aceptarán nuestra manera de pensar ni que discutamos con ellos. Se limitarán a repetir lo mismo una y otra y otra vez, hasta que finalmente los escuchemos.

También nos guiarán para que tomemos la dirección correcta, aunque algunas veces los ignoramos. Cuando sabemos que tenemos que hacer algo que no deseamos llevar a cabo, solemos tratar de desecharlo, pero ellos nos recordarán constantemente que debemos hacer lo adecuado. Imaginemos, por ejemplo, que hemos de pagar los impuestos. Nos levantamos por la mañana y lo primero que nos viene a la cabeza es que tenemos que «pagar los impuestos». Nos decimos a nosotros mismos: «Oh, ya lo haré en otro momento; hoy quiero hacer otra cosa». Es posible que todas las mañanas escuches la misma frase apremiante: «Paga los impuestos», pero siempre acabes aplazándolo. Sin embargo, no por ello va a desaparecer. Hagas lo que hagas, la necesidad de cumplir con esa tarea seguirá atormentándote. Luego, un día, recopilas toda la información y te diriges a la oficina pertinente. Cuando has acabado, te sientes mucho mejor. Nuestros ángeles de la guarda nos apremian para que realicemos las tareas que nos harán sentir mejor en este preciso instante. Ese es un servicio que nos prestan. Ellos saben que cumplir con nuestras obligaciones nos va a hacer sentirnos libres y nos va a permitir llevar una vida más rica.

Sharon se resistía a aceptar lo que le decía su AG, pero afirmaba que no podía escucharlo: «No puedo oír a mis ángeles. Yo les pregunto una y otra vez, pero no obtengo respuesta. Sigo escuchando una voz, pero no es mi ángel de la guarda; ya la he oído antes y no pienso hacer lo que me dice». Cuando le insistí para que me confesara lo que los ángeles le pedían que hiciera, me respondió: «Quieren que medite más, pero no puedo hacerlo, ya que tengo un horario muy apretado». Le pedí que les sonsacara y viera si su AG le podía hacer alguna sugerencia sobre cuándo debía meditar, teniendo en cuenta el horario tan apretado que tenía. Su ángel le proporcionó la solución perfecta para su frenético estilo de vida y ella se sintió sorprendida de escuchar una sugerencia tan brillante.

Si los ángeles te insisten en algo, debes hacerlo, o, mejor todavía, pídeles que te ayuden a llevar a cabo lo que te solicitan. Es importante. Escribe esa carta, haz esa llamada telefónica, abandona ese trabajo, cambia esa relación, limpia el garaje o sal de esa situación de peligro. Si sigues recibiendo el mismo mensaje, el mismo pensamiento interior apremiante o repetitivo, se trata de algo que debes hacer y que te hará sentir mejor, porque te habla tu ángel de la guarda, que intenta apremiarte para que lleves una vida más libre. Tómatelo con calma y ponte en marcha.

Entrenadora

Cuando Joan se sentó para realizar la lectura de su ángel de la guarda, me di cuenta de que estaba abatida: y además afirmó que no pensaba que aquella reunión con su ángel de la guarda sirviera de ayuda. En cualquier caso, seguimos adelante con la lectura, aunque solo fuera para ver lo que él tenía que decirle. Pronuncié mi oración de apertura e invoqué a su ángel de la guarda para que me transmitiera un mensaje. Un ángel femenino, ataviado con pantalones cortos, una camiseta y un silbato colgado en el cuello, apareció en seguida ante mí. Estaba animando a Joan para que se pusiera en marcha.

«Tu ángel tiene el aspecto de la entrenadora de un equipo deportivo femenino de instituto», le expliqué. «Lleva un silbato alrededor del cuello y está de pie, junto a la línea que delimita la cancha de juego, gritándote órdenes. Dice que eres la jugadora estrella, la *quarterback*, la principal anotadora, y se siente muy orgullosa de ser tu entrenadora».

Entonces, Joan me contó los problemas que tenía. Su ángel de la guarda le ofreció una serie de estrategias y de tácticas de juego para solucionarlos. Joan había invocado a un ángel que le iba a dar grandes consejos en este «juego de la vida». Como se trataba de una mujer muy ambiciosa, tenía que cumplir muchos objetivos y necesitaba a un ángel de la guarda que la animara y la estimulara en cada paso que diera en el camino.

Su AG estaba ansiosa por decirle su nombre. «Entrenadora, solo llámame Entrenadora. Soy su mayor apoyo y me siento muy orgullosa de ella», me confesó.

Joan se sintió muy aliviada de poder contar con una ayuda tan valiosa. Me aseguró que se acordaría de hacer una pausa, mirar en su mente y ver cómo su ángel de la guarda la animaba, le dictaba jugadas e ideaba una estrategia de juego para ayudarla a superar sus retos y acentuar sus oportunidades. Joan salió de mi consulta con un paso más ligero, preparada para retomar el juego.

El ángel de la belleza

Nancy tenía a un ángel de la guarda cuyo don para ella era la belleza. Era una mujer muy atractiva y me sentí muy complacida cuando su AG me indicó que la belleza era un servicio enormemente espiritual, como la compasión, el amor y la sanación. También afirmó que la misión del alma de Nancy era difundir y darle esa belleza al mundo. Ella tenía la costumbre de rechazar su atractivo, ya que lo consideraba algo superficial, pero su ángel declaró que la belleza estimula a todos los que la rodean y conduce a las personas a un nivel superior. Me mostró ejemplos del arte, del cine, de la literatura, de la danza y de muchas más disciplinas para confirmar lo que me había transmitido.

Nancy confesó que le resultaba difícil soportar los lugares, las personas o los objetos poco agraciados y que no fueran de un nivel elevado. Solía calificarse a sí misma como una persona presuntuosa y no le gustaba esa parte de su personalidad, así que se sorprendió al ver que, en realidad, su belleza era una cualidad espiritual. Admitió que siempre había pensado que era demasiado criticona y se enojaba consigo misma por tratar siempre de estar rodeada de gente, objetos y lugares bellos.

Su ángel de la guarda era alto, muy femenino y a su alrededor resplandecía una intensa luz blanca. Un arco iris de colores caía en cascada alrededor de su cabello. Me dijo que se llamaba «Flo, las tres primeras letras de la palabra 'flor'». La energía de su ángel de la guarda aportaba color, brillo, luz y salud —como las flores bellas y hermosas— a Nancy. Mi clienta confesó que durante todo el año sentía el impulso de cortar flores y colocarlas en su casa ya que, de lo contrario, tenía la sensación de que le faltaba algo. Su AG le explicó que perdía energía cuando no llevaba flores a casa para alegrar su espacio.

La señora Magoo

Mister Magoo es un antiguo personaje de dibujos animados, un anciano que apenas veía. Continuamente confundía las farolas con las personas y los cubos de basura con buzones de correos. Toda la historia giraba en torno a sus equivocaciones. Sin embargo, de alguna manera, los sucesos que le acontecían a lo largo del día siempre salían bien al final. Resolvía crímenes sin darse cuenta y realizaba actos valerosos solo porque no podía ver claramente el mundo.

Un ángel de la guarda se mostró con la apariencia de una anciana, una señora de cabello canoso que chocaba con las paredes y las puertas. Traté de borrar la escena que el ángel me estaba mostrando pero, a pesar de ello, la anciana siguió apareciéndose y chocando con las paredes. Me comentó que la persona que se encontraba a su cargo necesitaba ponerse las gafas. Si no lo hacía, no podría desenvolverse por el mundo de una manera eficiente.

Cuando mi clienta escuchó lo que su ángel de la guarda estaba haciendo y lo que me había comunicado, se echó a reír: «Sí, es verdad, no me gusta ponérmelas». Las gafas le resultaban muy incómodas. La señora Magoo siguió contándome que mi clienta corría el peligro de confundir las cosas y, probablemente, de chocar con algo si no se ponía las gafas, e insistió con vehemencia en que se las pusiera a partir de ese momento y se las dejara puestas hasta que se acostara por la noche.

La señora Magoo confesó que se estaba cansando de protegerla de los peligros que corría con su conducta. Me pidió que siguiera repitiendo sus órdenes hasta que aquella mujer se las grabara en la cabeza. Y así lo hizo. El ángel no pensaba comentar nada de su nieto adicto (la verdadera razón por la que aquella mujer vino a verme) hasta que prometiera que se iba a poner las gafas. Al parecer, las llevaba dentro del bolso, pero el ángel no iba a seguir adelante hasta que le hiciese caso.

Finalmente, la mujer sacó las gafas de un estuche floreado y se las puso. Le comenté que le daban un aspecto más juvenil e inteligente, y ella me preguntó: «¿Lo dices en serio?». Le aseguré que así era. Después de ponérselas, el ángel comenzó a hablar abiertamente de su nieto y de la manera en la que podía ayudarlo.

Mi crítico interior le preguntó a la señora Magoo si todavía se seguiría llamando así, ahora que la persona que se encontraba a su cargo podía ver mejor. El ángel me dijo entre carcajadas: «Ahora puedes llamarme 'Claridad'». Ese cambio de nombre me hizo reír en cuanto lo escuché. Como ya comenté antes, los ángeles se inventan nombres que representan su energía o el mensaje que quieren transmitir. Son seres muy inteligentes y resulta muy divertido trabajar con ellos.

Organizador

Recientemente, justo antes de una lectura con los ángeles, me invadió la obsesión de limpiar la sala donde se iba a celebrar. ¡No sé lo que me ocurrió! Sentí el impulso de coger una toalla de papel y quitar el polvo a todas las figuras de ángeles, limpiar las pelusa del suelo y recolocar las velas y los incensarios. Mi clienta me estaba esperando, pero sentí el impulso de dejarlo todo perfectamente ordenado. Finalmente, caí en la cuenta de que aquella era la manera que tenía de presentarse el ángel de la guarda de mi próxima clienta. Su especialidad era la organización y la limpieza.

Cuando empecé la lectura de Ashley, le expliqué lo que me había sucedido. Su AG afirmó que quería pedirle a Ashley que limpiara lo que le rodeaba, que se organizara mejor. Aquello era vital, porque se le iban a presentar nuevas oportunidades en la vida. A continuación, el AG explicó algunos de los nuevos cambios que iban a tener lugar, y la mujer se sintió encantada de escuchar que sus sueños se iban a hacer realidad.

Ashley sonrió, afirmando que le había invadido la sensación de que necesitaba limpiar toda la casa, pero aquella tarea le resultaba abrumadora. Cuando escuchó que limpiar su casa le iba a permitir encontrar nuevas oportunidades, recibió el empujón que necesitaba para limpiar tanto su casa como su vida. Estaba deseando ponerse manos a la obra. Y cuando se marchó, volví a recoger una pelusa del suelo.

¿Los ángeles de la guarda nos abandonan alguna vez?

Joe quería realizarle a su AG una pregunta específica sobre su pasado. Al parecer, en algún momento de su vida, se sintió completamente abandonado por él y tenía la sensación de que eso se debió a que había hecho muchas «cosas malas». Al principio de un taller, preguntó si los ángeles nos abandonan cuando nos comportamos mal. Le aseguré que nunca abandonan a las personas que tienen a su cargo y sugerí que se lo preguntara al ángel de la guarda más adelante, cuando le consultáramos acerca de nuestro pasado. Quise saber si estaría dispuesto a compartir con nosotros la respuesta cuando la recibiera de su ángel de la guarda, ya que toda la clase había escuchado la pregunta. Él aceptó, pensando que probablemente no iba a recibir ninguna respuesta, aunque aseguró que lo intentaría.

Seguimos adelante con el taller y finalmente llegamos al punto en el que teníamos que hacer una consulta a los ángeles acerca de nuestro pasado. Le recordé a Joe su pregunta y le dije que había llegado el momento de plantearla.

Uno por uno, fuimos compartiendo con toda la clase nuestras preguntas y respuestas, hasta que llegó el turno de que Joe compartiera con todos lo que su AG le había dicho. El hombre trató de contener las lágrimas. Su ángel de la guarda le había contestado que siempre permaneció a su lado durante aquella época «mala» de su vida, aunque él no pudo sentirlo. Su ángel de la guarda apuntó que Joe había aprendido muchas lecciones sobre la vida y que él le había estado apoyando durante todo ese tiempo. Le aseguró que nunca le abandonaría, en cualquier cosa que hiciera, y que siempre cumpliría la misión que le habían encomendado de permanecer junto a él.

Joe nos confesó que había sido ladrón y que había desvalijado hogares y tiendas. Hacía tiempo que había dejado de robar, pero aprendió mucho de aquella experiencia. Se sentía muy aliviado de que su ángel de la guarda nunca lo hubiera abandonado. No pudo contener las lágrimas más tiempo y todos esperamos y lo abrazamos afectuosamente mientras lloraba de alegría por haber descubierto que nunca estuvo solo. Nuestros ángeles de la guarda no nos abandonan aunque creamos que no merecemos su cuidado amoroso.

Epílogo

A modo de cierre, me gustaría animarte a que practicaras, practicaras y practicaras con el fin de desarrollar tu capacidad de escuchar, y te pediría que hablaras a menudo con tu ángel de la guarda. Las conversaciones frecuentes te ayudarán a entablar una relación con él y a abrir el camino de una comunicación más sencilla. Nuestros ángeles de la guarda están deseosos de hablar con nosotros sobre el camino que debemos seguir en la vida, con el fin de ayudarnos mientras nos encontramos en este mundo. No harán la tarea por nosotros, sino que nos apoyarán en nuestro esfuerzo con amor y gracia.

Cuando confiemos y demos un paso adelante, poniendo en práctica sus sugerencias, nos daremos cuenta de cómo podemos unir el cielo y la Tierra.

Los ángeles nos tienen mucho amor. Si te sientes abatido o desamparado, encuentra un momento para llamarlos, conversa un poco con ellos y deja que te cubran con sus bendiciones y su esperanza. Es un regalo que también te haces a ti mismo.

Para finalizar, quiero pedir la bendición divina para tu comunicación con tu ángel de la guarda. Te doy las gracias por haberme permitido estar a tu servicio. Si puedo ayudarte en algo más, por favor, contacta conmigo en www.KermieandtheAngels.com».

Con gran Amor y Luz
Kermie

ORACIONES, POEMAS Y CITAS RELACIONADOS CON EL ÁNGEL DE LA GUARDA

Oración del ángel de la guarda

*Ángel de Dios,
mi querido ángel,
a quien el amor de Dios
me ha enviado aquí:
quiero que estés a mi lado
incluso en un día como hoy,
para iluminarme y guardarme,
para ordenarme y guiarme.
Amén*

*Ángel de la guarda, que brillas en los cielos,
que avanzas a mi lado
para guiarme por el buen camino,
rodea mi cuerpo con tus alas
y lléname de amor,
cantándome canciones celestiales.*

Que tu ángel de la guarda te guarde,
que tu ángel de la guarda te guíe.
Y que su belleza te rodee,
que su amor celestial te envuelva.

Ángel de la guarda, vela por mí durante toda la noche
para mantenerme a salvo hasta que llegue la luz de la mañana.

Los ángeles de la guarda velan por mí día y noche.
Dormiré plácidamente hasta que llegue la luz de la mañana.

Me tumbo a descansar.
Los ángeles guardan mi pequeño nido
como si fuera un pajarito en su árbol.
Ángel de la guarda, cuida de mí.
Dichoso y a salvo me despierto,

ÍNDICE

ÍNDICE